Randfiguren der Bibel

Beispiele aus dem Alten Testament

von

Peter Engler

Bibliografische Information Der Deutschen Bibliothek
Die Deutsche Bibliothek verzeichnet diese Publikation in der Deutschen Nationalbibliografie; detaillierte bibliografische Daten sind im Internet über http://dnb.ddb.de abrufbar.

Engler, Peter
Randfiguren der Bibel - Beispiele aus dem Alten Testament

© 2005 jota Publikationen GmbH, 08269 Hammerbrücke

- Auftragsveröffentlichung-

Gesamtherstellung: Seidel & Seidel GbR, Satz- und Digitaldruckzentrum, 08209 Auerbach / 08269 Hammerbrücke

Umschlaggestaltung: René Metzler

ISBN 978-3-935707-34-3
Best.-Nr.: 449.534

Vorwort

Die nachfolgenden Seiten enthalten Betrachtungen über biblische Personen des Alten Testaments, die nicht unbedingt „auf den Hauptstraßen der Bibel" anzutreffen sind. Wir alle kennen Darlegungen über Joseph, David, Elia und andere bekannte Gestalten der Bibel. Aber wer hat schon gelesen von einem Jojachin, einem Baruch oder einem Ebed-Melech? Ich habe mich dabei nicht unbedingt an der innerbiblischen *Stellung* der betreffenden Personen orientiert, sondern an ihrem unter Bibellesern normalerweise geringen *Bekanntheitsgrad*.

Die einzelnen Kapitel dieses Buches wurden ursprünglich als Predigten geschrieben und gehalten. Daher habe ich den „Predigtstil" weitgehend beibehalten, wenn auch bearbeitet. Dabei habe ich bewusst einfach zu schreiben versucht. Um den Leser so nahe wie möglich an die Bibel heranzuführen, wurden fast alle Bibelzitate wörtlich abgedruckt. Wegen ihrer sprachlichen Schönheit habe ich dazu in aller Regel die Übersetzung Martin Luthers verwendet.

In der Anrede des Lesers habe ich mich für das vertrauliche „Du" entschieden. Denn wir führen ja in diesem Buch ein Zwiegespräch miteinander.

Manche Leser mögen vielleicht bemängeln, dass ich keine Frauengestalten in das Buch aufgenommen habe. Diese Aufgabe hat bereits *Ernst Modersohn* in seinen beiden feinen Büchern: „Die Frauen des Alten und Neuen Testaments" in sehr guter Weise erfüllt.

Möge Gott dieses Buch benutzen, um auch zu deinem Herzen zu reden!

Peter Engler

Inhalt

Vorwort   3

Mefi-Boschet   7
    Gnade 1: Ein neues Zuhause   9
    Gnaden 2-4: Ein zurückgegebener Besitz, ein treuer Verwalter und ein endgültiges Zuhause   11
    Gnade 5: Ein Sohn   16
    Gnade 6: Eine teilweise Rehabilitierung   18

Barsillai   25
    1. Die erste Begegnung Davids mit Barsillai   27
    2. Die zweite Begegnung Davids mit Barsillai   31

Hiël   41
    1. Er trug einen Namen, den er nicht beachtete   41
    2. Er kam aus einem Ort der Sünde   43
    3. Er fasste einen Plan ohne Gott   44
    4. Er erlitt einen ersten, schweren Verlust   48
    5. Er setzte seinen Eigenwillen durch   49
    6. Er erlitt einen zweiten, schweren Verlust   50
    7. Er musste lernen: Gottes Wort ist zuverlässig   51
    8. Er starb in ...   53

Obadja   55
    1. ...ein Mann in hoher Stellung   57
    2. ...ein gottesfürchtiger Mensch   58
    3. ...ein glaubwürdiger „Täter des Wortes"   60
    4. ...ein Diener, der volles Vertrauen genoss   62
    5. ... einer, dem Gott Gelingen schenkte   64
    6. ...ein Mensch wie wir alle   65

7. ...einer, der an seine guten Taten erinnerte	66
8. ...ein gehorsamer und gesegneter Mann	68

Jojada   **71**
1. Jojada war ein Mann mit einem Geheimnis   71
2. Jojada erlebte einen aufregenden Samstag   73
3. Jojada übte eine bewahrende Funktion aus   79
4. Jojada erlebte Rückgang und Erneuerung   82
5. Jojadas Leben fand einen ehrenvollen Abschluss   85
6. Jojadas König blieb ihm nicht dankbar   86

Jotam   **89**
1. Ein Leben im Schatten einer großen Tragik   89
2. Ein Leben in Rechtschaffenheit   91
3. Ein Leben in Unvollkommenheit   98

Schafan   **103**
1. Schafans Anfänge   103
2. Schafans erste, wichtige Mission   104
3. Schafans zweite, wichtige Mission   108
4. Schafans Nachkommen   111
    a) Ahikam   112
    b) Elasa   113
    c) Gemarja   114
    d) Jaasanja   115
    e) Michaja   116
    f) Gedalja   116

Baruch   **119**
1. Ein treuer Verwalter   120
2. Ein mutiger Zeuge   123
3. Ein geschmähter Begleiter   131
4. Ein zum Leben Begnadigter   134

Die Rechabiter   **137**
  1. Der Auftrag Gottes an Jeremia   137
  2. Die Aufforderung an die Rechabiter   140
  3. Die Antwort der Rechabiter   141
  4. Die Rede an die Abtrünnigen von Juda   147
  5. Die Verheißung an die Rechabiter   149

Ebed-Melech   **153**
  1. Die Verwerfung Jeremias durch Zedekia   154
  2. Jeremias Rettung durch Ebed-Melech   157

Jojachin   **167**
  1. Gottes Strafgericht   172
  2. Gottes Zeit   175
  3. Gottes Gnade   177

Serubbabel   **183**
  1. Die Phase des ersten Eifers   183
  2. Die Phase der Lauheit und Trägheit   193
  3. Die Phase erneuerten Dienstes und Segens   195

Mefi-Boschet

An *Mefi-Boschet*, dem Sohn Jonathans und Enkel Sauls, zeigt sich Gottes Gnade in besonderer Weise.
Vielleicht hast du diesen Namen noch nie gehört. Vielleicht kennst du ihn nur vom Hörensagen. Er wird verschieden und sonderbar übersetzt. Die einen geben ihn wieder mit: „Verbreiter der Schande". Die anderen mit: „Aus dem Mund des Schandgottes". Nach **1. Chr. 8,34** und **9,40** heißt er auch: „Meribbaal" = „Streiter gegen Baal". Die Übersetzung bleibt schwierig.
Aber selbst wenn dir der Name Mefi-Boschet noch nie begegnet sein sollte – der Name *Jonathan* dürfte bekannt sein. Er war der Sohn Sauls und Freund Davids, der diesem ein ganzes Leben lang in ergreifender Weise die Treue hielt. Auf dem Gebirge Gilboa kam er etwa im Jahr 970 v.Chr. im Kampf gegen die Philister um. David trauerte von ganzem Herzen um ihn.
Mefi-Boschet war zu diesem Zeitpunkt fünf Jahre alt. Und sein fünftes Lebensjahr war dasjenige, in dem Unglück und Tragik verdichtet auftreten. Nicht nur verliert er seinen Vater (und von seiner Mutter ist nirgends die Rede), sondern es passiert noch etwas Anderes, Tragisches, das seinem gesamten Leben eine neue Richtung geben sollte. Die Bibel berichtet:

2. Sam. 4,4: „Auch hatte Jonatan, der Sohn Sauls, einen Sohn, der war lahm an beiden Füßen; er war nämlich fünf Jahre alt, als die Kunde von Saul und Jonatan aus Jesreel kam, und seine Amme hatte ihn aufgehoben und war geflohen, und während sie eilends floh, fiel er hin und war fortan lahm. Er hieß Mefi-Boschet."

So schnell geht das. Am einen Tag bist du noch gesund – und am andern Tage schon verkrüppelt! Dieser böse Tag – der Tag, an dem die Nachricht vom Tode seines Vaters überbracht wurde, und der Tag, an dem aus dem Kind ein lebenslang Gelähmter wurde – Mefi-Boschet würde ihn nie vergessen. Es war ein rabenschwarzer Tag, und in die Tränen über den Verlust des Vaters mischten sich noch die Tränen über die eigenen Schmerzen und die lebenslangen Folgen des Unglücks. Und im Lauf der Zeit kamen sicherlich auch die bohrenden, quälenden Fragen:
- Warum passiert das ausgerechnet *mir*?
- Warum lässt Gott das Unglück so knüppeldick und gleich in doppelter Ausführung über mich kommen?

Zwei Fragen, auf die Mefi-Boschet nie eine rechte Antwort erhielt. Zwei Fragen, auf die auch du und ich manchmal keine rechte Antwort erhalten. In solchen Situationen bleiben uns nur drei Dinge:
- Die Erinnerung an das Wort aus **Pred. 7,14**: „Am guten Tage sei guter Dinge, und am bösen Tag bedenke: Diesen hat Gott geschaffen wie jenen, damit der Mensch nicht wissen soll, was künftig ist."
- Die Erinnerung an den Vers aus **Ps. 39,8**: „Nun, Herr, wessen soll ich mich trösten? Ich hoffe auf dich."
- Und die Erinnerung an **1. Petr. 5,6**: „So demütiget euch nun unter die gewaltige Hand Gottes, dass er euch erhöhe zu seiner Zeit."

Und doch können wir im Leben Mefi-Boschets eine ebenso interessante wie tröstliche Beobachtung machen. Es scheint, dass Gott nach jenem unglückseligen Tag ein besonderes Augenmerk auf das Kind richtete. Es ging im Leben Mefi-Boschets trotz allem nach dem Satz aus **Ps. 23,6**: „Gutes und Barmherzigkeit werden mir folgen mein Leben lang, und ich werde bleiben im Hause des Herrn immerdar."

Dieser Gnade Gottes im Leben Mefi-Boschets wollen wir nun ein wenig nachspüren.

Gnade 1: Ein neues Zuhause

Man wundert sich ein bisschen, wenn man den biblischen Bericht liest, dass Mefi-Boschet nicht wenigstens bei seiner Mutter aufgewachsen ist. Aber wie schon erwähnt, lesen wir von dieser Frau nirgends etwas. Vielleicht war sie schon gestorben. So kam Mefi-Boschet an einen anderen Ort. Und zwar nach Lo-Dabar, zu einem Mann namens *Machir*, dem Sohn Ammiëls. Über ihn wissen wir nur diese wenigen Dinge: wie er hieß, wer sein Vater war, und dass er in diesem Ort des Ostjordanlandes wohnte. Und dass er einmal den König David versorgte (siehe im Kapitel über „Barsillai"). Und in **2. Sam. 9,4** finden wir noch die eben schon genannte Mitteilung über ihn:

„Der König sprach zu ihm: Wo ist er? Ziba sprach zum König: Siehe, er ist in Lo-Dabar im Hause Machirs, des Sohnes Ammiëls."

Dieser Vers ist eigentlich schon ein Vorgriff. Aber er zeigt uns, wo sich Mefi-Boschet, von dem wir nach **2. Sam. 4,4** vorläufig nichts mehr lesen, mittlerweile aufhielt. Ob Machir ein Verwandter Jonathans war oder ob er sonst in einer besonderen Beziehung zum Hause Sauls stand, wissen wir nicht. Auf alle Fälle aber nahm dieser Mann, der in **2. Sam. 17** noch einmal positiv in Erscheinung tritt, das an den Füßen gelähmte Kind bei sich auf. Wir dürfen annehmen, dass Mefi-Boschet es gut bei ihm hatte.

Nun, ein fremdes Kind bei sich aufzunehmen ist nichts jedermanns Sache. Aber wer die Kraft und den Auftrag dazu hat, ein Kind in Pflege zu nehmen oder es gar zu adoptieren, steht unter einer besonderen Verheißung unseres Herrn Jesus Christus:

Matth. 18,5: „Und wer ein solches Kind aufnimmt in meinem Namen, der nimmt mich auf."

Damit ist nicht gesagt, dass dies immer eine glückliche oder leichte Erfahrung sein wird. Aber es macht deutlich, dass der Herr mehr darin sieht als die Menschen. Es macht auch die besondere Beziehung deutlich, in der der Herr zu einem solchen Kind steht. Ich werde das nachher noch etwas näher erläutern.

So hat Gott also für den kleinen Mefi-Boschet gesorgt. Elternhaus und Gesundheit wurden ihm genommen – aber durch Gottes Barmherzigkeit erhielt er ein neues Zuhause. Dort konnte er den schwersten Tag seines jungen Lebens ein wenig vergessen.

Aber das alles scheint dem Herrn noch nicht genug gewesen zu sein. David, der zuerst 7 Jahre und 6 Monate König über Juda gewesen ist, ist mittlerweile König über ganz Israel geworden. Er erobert Jerusalem, besiegt die Philister, lässt die Bundeslade nach Jerusalem holen und ist auch sonst in jeder Hinsicht erfolgreich. Angekommen auf dem Gipfel seiner Macht und seines Königtums, lesen wir von ihm folgendes:

2. Sam. 9,1: „Und David sprach: Ist noch jemand übriggeblieben von dem Hause Sauls, damit ich Barmherzigkeit an ihm tue um Jonatans willen?"

Damit sind wir bei den

Gnaden 2–4: Ein zurückgegebener Besitz, ein treuer Verwalter und ein endgültiges Zuhause

Ich fasse diese Dinge ein wenig zusammen, weil sie auch in dem Text, aus dem ich sie entnehme, gebündelt auftreten – **2. Sam. 9,2–11**:

„**2** Es war aber ein Knecht vom Hause Sauls, der hieß Ziba; den riefen sie zu David. Und der König sprach zu ihm: Bist du Ziba? Er sprach: Ja, dein Knecht ist es. **3** Der König sprach: Ist da noch jemand vom Hause Sauls, damit ich Gottes Barmherzigkeit an ihm tue? Ziba sprach zum König: Es ist noch ein Sohn Jonatans da, lahm an den Füßen. **4** Der König sprach zu ihm: Wo ist er? Ziba sprach zum König: Siehe, er ist in Lo-Dabar im Hause Machirs, des Sohnes Ammiëls. **5** Da sandte der König David hin und ließ ihn holen von Lo-Dabar aus dem Hause Machirs, des Sohnes Ammiëls. **6** Als nun Mefi-Boschet, der Sohn Jonatans, des Sohnes Sauls, zu David kam, fiel er auf sein Angesicht und huldigte ihm. **7** David aber sprach: Mefi-Boschet! Er sprach: Hier bin ich, dein Knecht. David sprach zu ihm: Fürchte dich nicht, denn ich will Barmherzigkeit an dir tun um deines Vaters Jonatan willen und will dir den ganzen Besitz deines Vaters Saul zurückgeben; du aber sollst täglich an meinem Tisch essen. **8** Er aber fiel nieder und sprach: Wer bin ich, dein Knecht, dass du dich wendest zu einem toten Hunde, wie ich es bin? **9** Da rief der König den Ziba, den Knecht Sauls, und sprach zu ihm: Alles, was Saul gehört hat und seinem ganzen Hause, hab ich dem Sohn deines Herrn gegeben. **10** So bearbeite ihm nun seinen Acker, du und deine Söhne und deine Knechte, und bring die Ernte ein, damit es das Brot sei des Sohnes deines Herrn und er sich davon nähre; aber Mefi-Boschet, der Sohn deines Herrn, soll täglich an meinem Tisch essen. Ziba aber hatte fünfzehn Söhne und zwanzig Knechte. **11** Und Ziba sprach zum König: Ganz so, wie mein Herr, der König, seinem Knechte geboten hat, wird dein Knecht tun. Und Mefi-Boschet, sprach David, esse an meinem Tische wie einer der Königssöhne."

Jetzt tritt zum ersten Mal eine Gestalt in Erscheinung, die im weiteren Verlauf der Geschichte Mefi-Boschets noch eine wichtige Rolle spielen sollte: *Ziba*, ein Knecht des Hauses Saul. Er wird von David befragt, ob noch jemand vom Hause Sauls da sei, an dem David Gottes Barmherzigkeit tun könne. Und Ziba teilt dem David mit, dass Mefi-Boschet, der Sohn seines toten Freundes Jonathan, lahm an den Füßen, sich aufhält im Hause Machirs, wie wir es schon erfahren haben.

David lässt das mittlerweile schon zum jungen Mann gewordene Kind aus dem Hause Machirs holen. Mefi-Boschet, als er seinen König sieht, erweist diesem die schuldige Referenz. Und er hat offenbar Angst; er scheint zu denken: David könnte sich an mir rächen wollen für alles, was mein Großvater ihm zu seinen Lebzeiten angetan hat. Er missdeutet also ein wenig den ganzen Vorgang. Gott wollte ihm gnädig sein, aber Mefi-Boschet fürchtete um sein Leben.

Es mag sein, dass es auch in unserem Leben manchmal Situationen gibt, wo Dinge geschehen, die wir zunächst nicht verstehen. Und wir fassen diese Vorgänge auf als *Bedrohung*, nicht als Gottes *Barmherzigkeit*. Wir zweifeln an Gottes Liebe und Vorsehung. Aber in Wahrheit hat Gott lauter gute Absichten und bringt sie auch zur Ausführung – zu unserem größten Erstaunen. Wie heißt es in dem bekannten Vers aus **Jer. 29,11**:

„Denn ich weiß wohl, was ich für Gedanken über euch habe, spricht der HERR: Gedanken des Friedens und nicht des Leides, dass ich euch gebe das Ende, des ihr wartet."
*Wörtlich: dass ich euch gebe Zukunft und Hoffnung.

Deshalb auch ist Mefi-Boschet erstaunt, als er erfährt, was David wirklich mit ihm vorhat. Denn mit einem Schlag wird aus einem vorher Besitzlosen ein vermögender Mann. Der Besitz Sauls und Jonathans war nach dem Tod von Sauls letztem Sohn offenbar an das Königshaus David gefallen. Niemand hätte etwas dabei gefunden, wenn David diese Besitztümer behalten hätte. Aber David war von anderem Schlag. Er gab das, was dem Hause Saul gehörte, dem Hause Saul zurück. Sicher hatte er dabei auch Jonathan im Blickfeld und seine Freundschaft mit ihm, dazu auch den Treueschwur, den er ihm einst getan hatte.

Wenn einem Besitz zurückgegeben wird, der einem rechtmäßig gehört – das ist natürlich eine schöne Sache. Am deutlichsten tritt uns das nahe, wenn es um *verliehene* Sachen geht. Ich habe leider öfter im Leben die Erfahrung machen müssen, dass manche Sachen, vor allem Bücher, nicht zurückkamen, oder wenn, dann in einem Zustand, dass man sie gleich wegwerfen konnte.

Wie gehst eigentlich *du* mit Sachen um, die dir nicht gehören? Machst du's wie der König David – gibst du sie zurück? Schlägt dein Gewissen noch, wenn du Sachen einbehältst, die dir jemand anders auf Treu und Glauben für eine Zeitlang überlassen hat? Oder denkst du: Och, da wächst schon Gras drüber – und der oder die hat's bestimmt schon vergessen? Sei dir im Klaren: *Gott* vergisst es nicht. Und die Dinge sind nicht in Ordnung, wenn du Geliehenes nicht zurückgibst. Es ist eine subtile Form von Diebstahl, und es liegt kein Segen darauf.

David handelte auch in dieser Hinsicht vollkommen korrekt. Und nicht nur das. Was nützen einem Mann ausgedehnte Ländereien und große Äcker, wenn er sie infolge einer körperlichen Behinderung nicht bearbeiten kann? Es wäre ein grausamer Witz gewesen, dem lahmen Mefi-Boschet zu sagen: „So, hier ist das Land deines Großvaters wieder – und nun humple und robbe mal schön über's Feld und sieh' zu, wie du dir einen Ertrag davon holst!"
Nein – wenn Gott *eine* Gnade schenkt, die eine *zweite* erforderlich macht, dann sorgt er auch *dafür*. Ziba wird beauftragt, als Pächter zu fungieren und dem Mefi-Boschet seine Erträge zu erwirtschaften. Und er willigt gerne ein und übernimmt diese Aufgabe mit Freuden, zumal sein eigenes Haus ja auch nicht gerade klein war. Die Bibel spricht von 15 Söhnen und 20 Knechten, die der Mann, der selber Knecht oder Bediensteter war, bei sich hatte.
Auch du und ich dürfen damit rechnen, dass Gott uns nicht im Stich lässt, wenn er uns eine bestimmte Gnade schenkt, die weitere Gnaden erforderlich macht. Vielleicht sind daher die folgenden Sätze ein bisschen gefährlich. Aber ich wage es trotzdem einmal, sie so zu formulieren:
- Wenn Gott dir die Gnade schenkt, an ihn zu glauben, ihm zu dienen und als erstes nach dem Reich Gottes zu trachten – dann wird er dir auch alles andere zufallen lassen, was du nötig hast, um deinen Lebensunterhalt zu bestreiten.
- Wenn Gott dir eine Familie anvertraut – dann wird er auch dafür sorgen, dass du diese Familie ernähren kannst.
- Wenn Gott dich würdigt, für ihn zu leiden – wird er dir auch die Kraft schenken, dieses Leid zu tragen.

– War das ein Tag im Leben Mefi-Boschets! So böse, wie jener Tag gewesen war, an dem sein Vater starb und er der

Amme aus den Armen rutschte, so gut war dieser Tag, an dem er vom Besitzlosen zum Besitzenden wurde. Es wurde ihm auch ein Verwalter gegeben. Und er erfuhr noch eine weitere, höchst erfreuliche Erhöhung.
David hätte ja nun sagen können: So, nun ist die Sache mit Sauls Besitz geregelt. Und Mefi-Boschet wird durch Ziba und seine Söhne lebenslang ein Auskommen haben. Damit habe ich meinen Schwur gegenüber Jonathan mehr als ausreichend erfüllt!
Aber wir sehen, dass Gott durch David dem Mefi-Boschet noch eine Gnade zuteil werden lässt. Es ist fast so, als wollte Gott dem Mefi-Boschet zeigen: Siehst du, ich habe an jenem bösen Tag vor Jahren das Unglück knüppeldick über dich kommen lassen – und nun lasse ich den Segen genauso hageldicht fallen!
Mefi-Boschet darf ein Leben lang an Davids Tisch essen wie einer der Königssöhne. Dazu muss er natürlich nach Jerusalem umziehen, das somit zu seiner neuen und endgültigen Heimat wird. Welche Ehre für den schwergeschlagenen Enkel Sauls!
„Wer ein solches Kind aufnimmt in meinem Namen, der nimmt mich auf", sagt Jesus in **Matth. 18,5**. Warum steht er zu solchen Kindern in einer besonderen Beziehung? Weil die Bibel in **Ps. 68,6+7** sagt:

"**6** Ein Vater der Waisen und ein Helfer der Witwen ist Gott in seiner heiligen Wohnung, **7** ein Gott, der die Einsamen nach Hause bringt, der die Gefangenen herausführt, dass es ihnen wohlgehe; aber die Abtrünnigen lässt er bleiben in dürrem Lande."

Doch ist das noch nicht alles. Darum begegnet uns als nächstes:

Gnade 5: Ein Sohn

2. Sam. 9,12: „Und Mefi-Boschet hatte einen kleinen Sohn, der hieß Micha. Und alle, die im Hause Zibas wohnten, dienten Mefi-Boschet."

Die Behinderung an den Füßen war offenbar kein Hindernis für eine funktionierende Ehe. Und so lesen wir, dass dem Mefi-Boschet ein zeitlicher Trost für sein Unglück und seine Leiden gegeben wurde. Zuerst in Gestalt einer Frau, und dann in Gestalt eines männlichen Nachkommens, der die Linie Sauls am Leben erhielt.
Auf diesem Gebiet gibt es nun gewiss verschiedene Führungen. Ich überspitze:
- *Die einen* verzehren sich vor Sehnsucht nach Nachwuchs und bekommen gar keinen. *Die anderen* wollen im Grunde überhaupt keinen und bekommen mehrere Kinder.
- *Die einen* haben keine leiblichen Kinder, aber dafür viele geistliche. *Die anderen* haben leibliche Kinder, aber keine geistlichen.
- Ich weiß auch von einem Ehepaar, das keine eigenen Kinder hatte und dann eines adoptierte. Und danach wurde die Frau plötzlich zweimal hintereinander schwanger...

Wie es auch immer in deinem oder eurem Fall sein mag: *eine* Gnade Gottes ist in jeder Situation...!
– Und wie eine Zusammenfassung zu alledem liest sich **2. Sam. 9,13**:

„Mefi-Boschet aber wohnte hinfort in Jerusalem, denn er aß täglich an des Königs Tisch. Und er war lahm an seinen beiden Füßen."

So sah bis auf weiteres Mefi-Boschets Leben aus. Doch vielleicht ist es kein Zufall, dass zuletzt noch einmal ausdrücklich vermerkt wird, dass er an seinen beiden Füßen gelähmt war. Diese Lähmung – sie sorgte dafür, dass dem Mefi-Boschet „die Bäume nicht in den Himmel wuchsen". Es gab jetzt in seinem Leben eine große Gnade – aber es gab auch nach wie vor ein großes Handikap. Und dabei blieb es.
Vielleicht ist es in deinem und meinem Leben ähnlich. Wir brauchen das Gegengewicht, wenn Gott uns segnet, damit wir sozusagen mit den Füßen auf dem Teppich bleiben. Wir könnten sonst abheben und ihn vergessen. Wie Paulus einen Pfahl im Fleisch hatte, damit er sich wegen der hohen Offenbarungen, die er empfangen hatte, nicht aufblies, so brauchen auch wir wahrscheinlich immer wieder etwas, was uns dämpft und demütigt. Die gelähmten Füße ließen Mefi-Boschet nie vergessen, was er eigentlich war. So mag es einen ähnlichen Jammer auch in deinem und meinem Leben geben, damit wir klein bleiben. Wie *Kurt Koch* einmal gesagt hat: „Es gibt viele gesegnete Lastenträger."
Sind das nun alle Gnaden, die Gott dem Mefi-Boschet erwies? Nein, noch nicht ganz. Auch wenn die beiden restlichen in Zusammenhängen erscheinen, die weitaus weniger erfreulich sind.
Und so folgt:

Gnade 6: Eine teilweise Rehabilitierung

Nun folgt *das* Ereignis in Mefi-Boschets Leben, das ihn für immer eine etwas schillernde Gestalt bleiben lässt.
König David muss infolge seines traurigen Ehebruchs mit Bathseba erleben, dass das Unglück sein Haus nicht mehr loslässt. Eine Auswirkung der Strafe Gottes ist beispielswei-

se, dass sein Sohn *Absalom* einen Aufstand gegen ihn anzettelt. Absalom will selber auf den Thron. David muss aus Jerusalem fliehen. Viele Gefährten früherer Jahre begegnen ihm auf der Flucht – darunter plötzlich auch Ziba, Mefi-Boschets Verwalter. Die Bibel berichtet in **2. Sam. 16,1–4**:

„**1** Und als David ein wenig über die Höhe hinabgegangen war, siehe, da begegnete ihm Ziba, der Knecht Mefi-Boschets, mit einem Paar gesattelter Esel; darauf waren zweihundert Brote und hundert Rosinenkuchen und hundert frische Früchte und ein Schlauch Wein. **2** Da sprach der König zu Ziba: Was willst du damit machen? Ziba sprach: Die Esel sollen für das Haus des Königs sein, um darauf zu reiten, und die Brote und die Früchte sind für die Leute zum Essen und der Wein zum Trinken, wenn sie müde werden in der Wüste. **3** Der König sprach: Wo ist der Sohn deines Herrn? Ziba sprach zum König: Siehe, er blieb in Jerusalem; denn er denkt: Heute wird mir das Haus Israel meines Vaters Königtum zurückgeben. **4** Der König sprach zu Ziba: Siehe, es soll dein sein alles, was Mefi-Boschet hat. Ziba sprach: Ich neige mich; lass mich auch ferner Gnade finden vor dir, mein Herr und König."

Oh weh – da erscheint der geschlagene, aber begnadigte Mefi-Boschet plötzlich in einem ganz anderen Licht. Und zwar in keinem guten.
- Könnte es sein, dass ihm die Gnade Gottes doch zu Kopf gestiegen war?
- Könnte es sein, dass tatsächlich solche Gedanken in seinem Herzen auftauchten, als David geflohen war?
- Hatte er eben doch nie vergessen, wessen Enkel und Sohn er eigentlich war?

- Waren allen Ernstes solche wahnwitzigen, großmannssüchtigen Ideen in ihm entstanden?
- Glaubte er wirklich, das Format zu besitzen, um über ganz Israel herrschen zu können?
- War er nach allem tatsächlich so undankbar?

Ja – es könnte sein. Denn er war noch vor seinem eigenen Sohn *Micha* der nächste Anwärter aus der Linie Sauls auf den Thron zu Jerusalem. Mefi-Boschets Onkel *Isch-Boscheth*, der letzte Sohn Sauls, war der einzige, der nach dem Tode Sauls und seiner anderen drei Söhne den Thron noch hätte übernehmen können. Und der Feldhauptmann *Abner* hatte ihn zum König gemacht. Aber Isch-Boscheth, der nur zwei Jahre regierte, war ein in jeder Hinsicht schwacher Mann gewesen, auch wenn David ihn als einen „Gerechten" bezeichnete **(2. Sam. 4,11)**. Schließlich wurde er jedoch von zweien seiner Hauptleute erstochen und enthauptet.

Dass Ziba seine scheinbare Loyalität gegenüber David mit den beiden Eseln und allen mitgebrachten, guten Sachen bewies, überzeugte den König. In seinen Augen wurde Mefi-Boschet an jenem Tage zu einem treulosen Verräter. Folgerichtig vermachte er dem Ziba in königlicher Autorität Mefi-Boschets gesamten Besitz!

Ein hässlicher Flecken auf Mefi-Boschets Leben – und als Bibelleser denkt man sich nach der Lektüre von **2. Sam. 16**: *So ein Schuft*. So ein fieser, undankbarer Kerl. Zwar ist das alles typisch für das menschliche Herz – aber ärgerlich ist es doch. Für David aber war das Ganze nur eine weitere Ladung Salz in seine sowieso schon schmerzenden, offenen Wunden.

Umso erstaunlicher ist daher, was wir in **2. Sam. 19,25–31** lesen, als Absaloms Aufstand beendet ist und der König David nach Jerusalem zurückkehrt:

„**25** Mefi-Boschet, der Enkel Sauls, kam auch herab, dem König entgegen. Und er hatte seine Füße und seinen Bart nicht gereinigt und seine Kleider nicht gewaschen von dem Tage an, da der König weggegangen war, bis zu dem Tag, da er wohlbehalten zurückkäme. **26** Als er nun von Jerusalem kam, dem König zu begegnen, sprach der König zu ihm: Warum bist du nicht mit mir gezogen, Mefi-Boschet? **27** Und er sprach: Mein Herr und König, mein Knecht hat mich betrogen. Dein Knecht dachte: Ich will einen Esel satteln und darauf reiten und zum König ziehen, denn dein Knecht ist lahm. **28** Dazu hat er deinen Knecht verleumdet vor meinem Herrn, dem König. Aber mein Herr, der König, ist wie der Engel Gottes; tu, was dir wohlgefällt. **29** Meines Vaters ganzes Haus hätte ja den Tod erleiden müssen von meinem Herrn, dem König; du aber hast deinen Knecht gesetzt unter die, die an deinem Tisch essen. Was hab ich weiter für Recht oder Anspruch, zum König um Hilfe zu schreien? **30** Der König sprach zu ihm: Was redest du noch weiter? Nun bestimme ich: Du und Ziba, teilt den Besitz miteinander. **31** Mefi-Boschet sprach zum König: Er nehme ihn auch ganz, nachdem mein Herr und König wohlbehalten heimgekommen ist."

Was sollen wir nun dazu sagen? Da sieht die Sache wieder ganz anders aus. *Ausdrücklich* wird vermerkt, dass Mefi-Boschet die Füße nicht gewaschen, den Bart nicht gereinigt und die Kleider nicht gewaschen hatte seit dem Tage, da der König aus Jerusalem geflohen war. (Er wird auch entsprechend „geduftet" haben! Und es ist davon die Rede, dass Ziba ihn betrogen und verleumdet habe. Da wird David unsicher. Und der Redeschwall des Mannes fällt ihm auf die Nerven: Schlussendlich bestimmt er, dass Ziba und er den gesamten Besitz Sauls *teilen* müssen. Und als wolle

Mefi-Boschet endgültig beweisen, wo er steht, sagt er: Er kann auch *alles* haben, wenn er will! Aber das könnte natürlich auch Taktik gewesen sein: Mefi-Boschet hatte ja in Jerusalem sein Auskommen...
Aber *wir* können nicht letztgültig entscheiden, genausowenig wie David, wie es wirklich war. Nur einer weiß das: Gott selber. So bleibt Mefi-Boschet schlussendlich eine zwielichtige Gestalt. Erst im Himmel werden wir die ganze Wahrheit über ihn erfahren!
Manchmal geht es so auch im Leben eines Christen. Da wird dir plötzlich etwas angehängt, was so gar nicht stimmt. Und du kannst den Flecken vielleicht teilweise abwaschen, aber nicht ganz. Für manche Menschen bleibst du eine verdächtige Figur. Und je mehr du deine Rechtschaffenheit beteuerst, umso verdächtiger wirst du. Darum hör' auf, dich zu rechtfertigen: Gott weiß, wie es wirklich war. Das genügt. Und er wird dich zu *seiner* Zeit rechtfertigen!
Und die letzte Gnade Gottes im Leben Mefi-Boschets:

Gnade 7: Eine Verschonung vor dem Strang

Diese letzte Geschichte, die uns im Zusammenhang mit Mefi-Boschet berichtet wird, zeigt noch einmal, dass die Gnade Gottes nicht von ihm gewichen war. Die Bibel erzählt noch in **2. Sam. 21,1–9**:

"**1** Es war eine Hungersnot zu Davids Zeiten drei Jahre nacheinander. Und David suchte das Angesicht des HERRN, und der HERR sprach: Auf Saul und auf seinem Hause liegt eine Blutschuld, weil er die Gibeoniter getötet hat. **2** Da ließ der König die Gibeoniter rufen und sprach mit ihnen. Die Gibeoniter aber gehörten nicht zu den Israeliten, sondern waren übriggeblieben von den Amoritern. Und die Israeliten hatten einen Bund mit ihnen geschlossen; jedoch suchte Saul sie auszurotten in seinem Eifer für Israel und Juda. **3** Da sprach David zu den Gibeonitern: Was soll ich für euch tun? Und womit soll ich Sühne schaffen, dass ihr das Erbteil des HERRN segnet? **4** Die Gibeoniter sprachen zu ihm: Es ist uns nicht um Gold noch Silber zu tun bei Saul und seinem Hause, auch steht es uns nicht zu, jemand zu töten in Israel. Er sprach: Was wollt ihr dann, dass ich für euch tun soll? **5** Sie sprachen zum König: Von dem Mann, der uns zunichte gemacht hat und der uns vertilgen wollte, dass uns nichts bleibe in allen Landen Israels – **6** aus seinem Hause gebt uns sieben Männer, damit wir sie aufhängen vor dem HERRN in Gibeon, auf dem Berge des HERRN. Der König sprach: Ich will sie euch herausgeben. **7** Aber der König verschonte Mefi-Boschet, den Sohn Jonatans, des Sohnes Sauls, um des Eides willen, den David und Jonatan, der Sohn Sauls, einander vor dem HERRN geschworen hatten. **8** Aber die beiden Söhne der Rizpa, der Tochter Ajas, die sie Saul geboren hatte, Armoni und Mefi-Boschet, dazu die fünf Söhne der Merab, der Tochter Sauls, die sie dem Adriël geboren hatte, dem Sohn Barsillais aus Mehola, nahm der König **9** und gab sie in die Hand der Gibeoniter. Die hängten sie auf dem Berge vor dem HERRN auf. So kamen diese sieben auf einmal um und starben in den ersten Tagen der Ernte, wenn die Gerstenernte anfängt."

Diese ernste und traurige Geschichte von der endgültigen Tilgung von Sauls Blutschuld spricht auf ihre Weise für sich; ich werde dazu nichts mehr weiter schreiben. Aber dass es eine große Gnade ist, wenn die *Todesstrafe* an einem vorbeigeht, dürfte außer Frage stehen! – Mefi-Boschet erlebte diese Gnade. –

7 Gnaden Gottes haben wir im Leben Mefi-Boschets festgestellt. Und ich finde, trotz allem Schweren und trotz mancher Fragwürdigkeiten ist die Geschichte Mefi-Boschets doch *eine schöne Geschichte*. Vor allem aber ist sie ein denkwürdiges Zeugnis von der Barmherzigkeit Gottes. Bete ihn dafür an!

Barsillai

Es ist eine Binsenweisheit, dass es in jedem Menschenleben Höhen und Tiefen gibt. Aber sie gilt universal, und sie betrifft große Leute und kleine Leute.

König David aus Israel zum Beispiel sah etliche „Höhen": seine Krönung zum König über Juda etwa und später sein Königtum über ganz Israel. Aber er erlebte auch gewaltige Tiefen: denke nur an die lange Verfolgungszeit durch *Saul*. Oder an das Elend nach seinem *Ehebruch*. Oder an die Flucht aus Jerusalem vor seinem eigenen Sohn *Absalom*, der ihm den Thron streitig machten wollte.
Diese Flucht war eine bittere Angelegenheit. Wenn ich in **2. Sam. 15–19** den biblischen Bericht darüber lese, dann fallen mir zwei Dinge ins Auge, zwei Tiefstpunkte. Der eine:

2. Sam. 15,30: „David aber ging den Ölberg hinan und weinte, und sein Haupt war verhüllt, und er ging barfuß. Auch alle vom Volk, die bei ihm waren, hatten ihr Haupt verhüllt und gingen hinan und weinten."

Der andere:

2. Sam. 16,5–14: „**5** Als aber der König David nach Bahurim kam, siehe, da kam ein Mann von dort heraus, vom Geschlecht des Hauses Saul, der hieß Schimi, der Sohn Geras; der kam heraus und fluchte **6** und warf mit Steinen nach David und allen Großen des Königs David, obwohl das ganze Kriegsvolk und alle seine Helden zu seiner Rechten und Linken waren. **7** So aber rief Schimi, als er fluchte: Hinaus, hinaus, du Bluthund, du ruchloser Mann! **8** Der HERR hat über dich gebracht alles Blut des Hauses Sauls, an dessen

Statt du König geworden bist. Jetzt hat der HERR das Königtum gegeben in die Hand deines Sohnes Absalom; und siehe, nun steckst du in deinem Unglück, denn du bist ein Bluthund. **9** Aber Abischai, der Sohn der Zeruja, sprach zu dem König: Sollte dieser tote Hund meinem Herrn, dem König, fluchen dürfen? Ich will hingehen und ihm den Kopf abhauen. **10** Der König sprach: Ihr Söhne der Zeruja, was hab ich mit euch zu schaffen? Lasst ihn fluchen; denn der HERR hat ihm geboten: Fluche David! Wer darf dann sagen: Warum tust du das? **11** Und David sprach zu Abischai und zu allen seinen Großen: Siehe, mein Sohn, der von meinem Leibe gekommen ist, trachtet mir nach dem Leben; warum nicht auch jetzt der Benjaminiter? Lasst ihn ruhig fluchen, denn der HERR hat's ihm geboten. **12** Vielleicht wird der HERR mein Elend ansehen und mir mit Gutem vergelten sein heutiges Fluchen. **13** So ging David mit seinen Leuten des Weges; aber Schimi ging am Hang des Berges entlang, ihm gegenüber, und fluchte und warf mit Steinen nach ihm und bewarf ihn mit Erdklumpen. **14** Und der König kam mit allem Volk, das bei ihm war, müde an den Jordan und ruhte dort aus."

Armer David – es ist zwar bewundernswert, mit welcher Ergebenheit er sein Schicksal hinnimmt. Aber bitter ist es doch. Hier ist wirklich einer der Tiefstpunkte in Davids Leben.
Doch Gott hat seinen schwergeschlagenen Knecht nicht im Stich gelassen. Man müsste einmal diese Kapitel daraufhin untersuchen: Was hat Gott im Einzelnen getan, um seinen Diener mitten im Elend aufzurichten?
Einen dieser „Aufsteller" finden wir beispielsweise in **2. Sam. 15,17+18**:

2. Sam. 15,17+18: „**17** Und als der König und alles Volk, das ihm nachfolgte, hinauskamen, blieben sie stehen beim letzten Hause. **18** Und alle seine Großen blieben an seiner Seite; aber alle Kreter und Pleter, auch alle Gatiter, sechshundert Mann, die von Gat ihm nachgefolgt waren, zogen an dem König vorüber."

Das „aber" bedeutet hier nicht, dass ihn die Krether und Plether und alle Gathiter verlassen hätten. Sondern es bedeutet, dass sie durch das Vorbeidefilieren ihr „Mit-ihm-sein" zum Ausdruck brachten.

Und das ist die „Hauptermutigung", die Gott dem König David in dieser schweren Zeit immer wieder zukommen ließ: *treue Verbündete*, die in der großen Krise zu ihm standen:
- seine *Großen*, die *Krether* und *Plether*, die *Gathiter* mit ihrem Anführer *Ittai*;
- die Priester *Zadok* und *Abjathar*;
- *Huschai*, der Arkiter, Davids Freund.

Es gab aber noch weitere Gestalten, die Gott dem David zur Ermutigung in den Weg schickte. Und auf *eine* von ihnen besonders wollen wir jetzt unsere „geistliche Kamera" richten und das Objektiv scharf einstellen: ich meine *Barsillai, den Gileaditer*. Wir betrachten sein Erscheinen in der Bibel der Reihenfolge nach, und darum heißt mein erster Punkt:

1. Die erste Begegnung Davids mit Barsillai

2. Sam. 17,27–29: „**27** Als David nach Mahanajim gekommen war, da brachten Schobi, der Sohn des Nahasch von Rabba, der Stadt der Ammoniter, und Machir, der Sohn Ammiëls von Lo-Dabar, und Barsillai, ein Gileaditer von

Roglim, **28** Betten, Becken, irdene Gefäße, Weizen, Gerste, Mehl, geröstete Körner, Bohnen, Linsen, **29** Honig, Butter, Kuh- und Schafkäse, um David und das Volk, das bei ihm war, zu stärken. Denn sie dachten: Das Volk wird hungrig, müde und durstig geworden sein in der Wüste."

Diesem Text voraus geht der Bericht, dass Absalom und seine Anhänger aus ganz Israel bereits den Jordan überquert hatten und sich in der dortigen Landschaft Gilead lagerten. Sie waren also schon bereit, um David und sein Heer anzugreifen.

Und David war nach *Mahanajim* gekommen – das ist ein Ort, an dem mindestens schon zwei bedeutsame Ereignisse stattgefunden hatten:

- *Jakob* war zu Beginn seiner Rückreise in die Heimat dort den Engeln Gottes begegnet – daher lautete der Name dieses Ortes auch „Heerlager" oder „Doppellager" **(1. Mose 32,2+3)**.
- *Abner*, Sauls Feldhauptmann, hatte dort nach dem Tode des Königs dessen Sohn Isch-Boscheth zum König gemacht **(2. Sam. 2,8+9)**.

Und nun lagert David sich dort. Und da erscheinen drei Männer auf der Bildfläche:

- *Schobi*, ein Sohn des Nahasch von Rabbath, der Stadt der Ammoniter. Er war ein Königssohn, denn Nahasch, sein Vater, war König der Ammoniter gewesen. David hatte mit ihm freundschaftliche Beziehungen unterhalten **(2. Sam. 10,2)**.
- *Machir*, der Sohn Ammiëls aus Lo-Dabar. Er war der, der den lahmen Sohn Jonathans bei sich aufgenommen hatte **(2. Sam. 4,4)**. David erwies diesem Sohn Gnade – das ist vielleicht der Grund, warum Machir ihm wohlgesonnen war.

- Und es erscheint ***Barsillai, der Gileaditer von Roglim***. Barsillai kam also aus jener Gegend, aus einer Stadt, die noch heute unter dem Namen *Bersinja* existiert. Warum auch er dem David freundlich gesonnen war, bleibt ein Geheimnis.

Und nun beachte, was diese Leute ihm brachten: Betten, Becken, irdene Gefäße, Weizen, Gerste, Mehl, geröstete Körner, Bohnen, Linsen, Honig, Butter oder Rahm, Kuh- und Schafskäse und vielleicht auch ein paar entsprechende Tiere.
Stell' dir vor, welche Wohltat das für David und seine Leute gewesen sein muss! Und welche Ermutigung, mitten in dieser Situation! Wie werden sie sich gefreut, gestärkt und erholt haben! Wie werden sie den dreien dankbar gewesen sein! Und schon oft musste ich denken: ob das nicht jener Zeitpunkt war, wo David die berühmten Sätze aus dem 23. Psalm notierte:

Ps. 23,5+6: „**5** Du bereitest vor mir einen Tisch im Angesicht meiner Feinde. Du salbest mein Haupt mit Öl und schenkest mir voll ein. **6** Gutes und Barmherzigkeit werden mir folgen mein Leben lang, und ich werde bleiben im Hause des HERRN immerdar."

Hinter diesen Sätzen steht nicht nur fromme Theorie, sondern handfest Erlebtes! Und einer von denen, die dabei Gottes Werkzeuge waren, war *Barsillai*.
Der Name bedeutet übrigens: „der Eiserne". Ob dies auf persönliche Strenge und Härte hindeutet, weiß ich nicht. Es könnte sich auch auf ein starkes Durchhaltevermögen beziehen. Jedenfalls wissen wir nicht genau, warum Barsillai so hieß. Seine Geburt wird nirgends in der Bibel berichtet. Und auch über sein Elternhaus und seine Erziehung gibt es keine Bemerkung.

Fest steht nur: Hier tat er sich mit Freunden oder zumindest Gleichgesinnten zusammen, um dem Gesalbten des Herrn etwas Gutes zu tun. Alle drei waren barmherzige Männer, und gleich zu gleich gesellt sich eben gern! Von der Barmherzigkeit, Freigebigkeit und Großzügigkeit Barsillais können wir nur lernen. Ich bin sicher, Gott hat ihn dafür belohnt. Indem er dem König David gab, gab er dem Gesalbten Gottes. Er trachtete damit auf seine Weise als erstes nach Gottes Reich. Und so etwas hat noch immer Gottes Wohlgefallen gefunden und gereichte einem Gebenden noch nie zum Schaden!

Spr. 11,24+25: „24 Einer teilt reichlich aus und hat immer mehr; ein andrer kargt, wo er nicht soll, und wird doch ärmer. 25 Wer reichlich gibt, wird gelabt, und wer reichlich tränkt, der wird auch getränkt werden."
Luk. 6,38: „Gebt, so wird euch gegeben. Ein volles, gedrücktes, gerütteltes und überfließendes Maß wird man in euren Schoß geben; denn eben mit dem Maß, mit dem ihr messt, wird man euch wieder messen."

Nach jener Stärkung kommt es dann zu der dramatischen Auseinandersetzung zwischen den Heeren Davids und Absaloms im Wald von Ephraim im Norden Gileads. Sie bringt auch das Ende des Aufrührers: Absalom bleibt mit seiner Lockenpracht im Geäst einer Terebinthe hängen, und *Joab*, Davids Heerführer, sticht ihm drei „Stäbe" durch den Leib, als er ihn findet. Danach schlagen ihn die zehn Waffenträger Joabs endgültig tot (vgl. **2. Sam. 18**). Als David es erfährt, trauert er fürchterlich. Seine Untröstlichkeit wird beinahe zur Beleidigung für das Heer, das treu zu ihm stand und für ihn kämpfte. Erst Joab ruft ihn sozusagen zur Ordnung und verhindert Schlimmeres. Danach kehrt David nach Jerusalem zurück. Und das führt mich zum nächsten Punkt:

2. Die zweite Begegnung Davids mit Barsillai

2. Sam. 19,32–41: „**32** Und Barsillai, der Gileaditer, kam herab von Roglim und zog mit dem König an den Jordan, um ihn über den Jordan zu geleiten. **33** Und Barsillai war sehr alt, wohl achtzig Jahre. Er hatte den König versorgt, als er in Mahanajim war; denn er war ein Mann von großem Vermögen. **34** Und der König sprach zu Barsillai: Du sollst mit mir ziehen, ich will dich versorgen bei mir in Jerusalem. **35** Aber Barsillai sprach zum König: Was ist's noch, das ich zu leben habe, dass ich mit dem König hinaufziehen sollte nach Jerusalem? **36** Ich bin heute achtzig Jahre alt. Wie kann ich noch unterscheiden, was gut und schlecht ist, oder schmecken, was ich esse und trinke, oder hören, was die Sänger und Sängerinnen singen? Warum sollte dein Knecht meinen Herrn, den König, noch beschweren? **37** Dein Knecht wird ein kleines Stück mit dem König über den Jordan gehen. Warum will mir der König so reichlich vergelten? **38** Lass' deinen Knecht umkehren, dass ich sterbe in meiner Stadt bei meines Vaters und meiner Mutter Grab. Siehe, da ist dein Knecht Kimham, den lass' mit meinem Herrn, dem König, ziehen und tu ihm, was dir wohlgefällt. **39** Der König sprach: Kimham soll mit mir ziehen, und ich will ihm tun, was dir wohlgefällt; auch alles, was du von mir begehrst, will ich dir tun. **40** Und als das ganze Volk über den Jordan gegangen war und der König auch, küsste der König den Barsillai und segnete ihn. Und er kehrte zurück in seine Heimat. **41** Und der König zog weiter nach Gilgal, und Kimham zog mit ihm. Und das ganze Volk von

Juda hatte den König hinübergeführt und auch die Hälfte des Volks von Israel."

Es gibt Menschen, die sich in ihrer Art und in ihrem Verhalten treu bleiben. Auch Barsillai gehörte zu ihnen. Weitere, wertvolle Einzelheiten werden uns in diesem Abschnitt über ihn mitgeteilt.

Roglim lag offenbar *höher* als der Jordan – darum kommt Barsillai wieder von dort *herab*. Und er hat nur ein einziges Ziel: er will dem Gesalbten Gottes die rechte Ehre erweisen und ihn über den Jordan geleiten, damit er nach Jerusalem zurückkehren kann.

Und es stellt sich heraus, dass Barsillai nicht mehr der Jüngste war: die Bibel gibt sein Alter mit achtzig Jahren an. Auch wird mitgeteilt, dass er sehr reich war – was erklärt, warum er zusammen mit seinen Freunden bei der Versorgung des Königs David so ausnehmend großzügig sein konnte.

Nimm für dich mit:
- *Das Alter eines Menschen ist kein Hinderungsgrund für Wohltätigkeit.* Wie heißt es in **Ps. 92,13–15:** „**13** Der Gerechte wird grünen wie ein Palmbaum, er wird wachsen wie eine Zeder auf dem Libanon. **14** Die gepflanzt sind im Hause des HERRN, werden in den Vorhöfen unsers Gottes grünen. **15** Und wenn sie auch alt werden, werden sie dennoch blühen, fruchtbar und frisch sein...". Barsillai hatte das begriffen und in seinem Leben umgesetzt! Mach' es ihm nach!
- *Reichtum an sich ist nicht falsch – es kommt nur darauf an, was man damit macht.* Die Bibel sagt dazu in **Pred. 5,12:** „Es ist ein böses Übel, das ich sah unter der Sonne: Reichtum, wohl verwahrt, wird zum Schaden dem, der ihn hat." Diesen Schaden wollte Barsillai nicht haben.

In dem bereits erwähnten Text aus **Spr. 11** heißt der **26. Vers**: „Wer Korn zurückhält, dem fluchen die Leute; aber Segen kommt über den, der es verkauft." Im vorliegenden Fall wurde es nicht einmal *verkauft* wie bei Joseph, sondern sogar *verschenkt* – was die Gabe in Gottes Augen wohl noch wertvoller machte!
David war von der Barmherzigkeit und Ehrerbietung des greisen Barsillai so überwältigt, dass er beschloss, ihn mit nach Jerusalem zu nehmen.
„Barsillai", sagte er sinngemäß zu ihm, „pass' auf: lass' doch deinen ganzen Krempel hier zurück und komm' mit mir nach Jerusalem. Dort werde ich dich auf königliche Weise versorgen. Du wirst nichts vermissen. Du hast *mich* geehrt, jetzt will ich auch *dich* ehren. Denn du hast deine Loyalität mehr als erwiesen. Einen so treuen Freund wie dich möchte ich immer in meiner Nähe haben. Ich möchte mich von Herzen dir erkenntlich zeigen!"
Ein schöner Zug in König Davids Wesen. Und es enthält auch für dich und mich eine wertvolle Lektion: Lass' uns niemals die Menschen vergessen, die uns in Notzeiten Gutes getan haben. Werde und handle solchen Menschen gegenüber nie treulos. Denn die, die auch in der Zeit der Not zu dir halten, das sind deine wahren Freunde, und von dieser Sorte gibt es nicht allzu viele. Deshalb sagt auch die Bibel:

Spr. 27,10a: „Von deinem Freund und deines Vaters Freund lass' nicht ab."

Barsillai jedoch will von dem edlen Ansinnen seines Königs nichts wissen. Er wehrt ab und sagt: „Ach, David, sind wir doch mal ehrlich: Lange werde ich nicht mehr auf dieser Erde sein. Du würdest von meiner Gegenwart in Jerusa-

lem gar nicht mehr allzuviel haben. Das einzige, was ich dir über kurz oder lang bescheren würde, wäre die Rechnung für meine Beerdigungskosten. Ich kann schon jetzt kaum noch unterscheiden, ob ein Essen gut oder schlecht zubereitet ist – meine Geschmacksnerven machen nicht mehr so mit wie früher. Und mein Gehör hat auch nachgelassen, so dass ich bei den Festen am Hof von den künstlerischen Darbietungen deiner 'Jerusalem Gospel Singers' auch nicht mehr allzuviel haben würde. Ich werde dir nur eine Last sein, wenn ich mit dir ziehe!
Darum lass' *dies* meinen Lohn sein: Ich will mit dir noch ein kleines Stück Weges ziehen und dir das Geleit geben, wenn du über den Jordan gegangen bist. Dann soll's genug sein. Dann will ich heim, und in der Nähe des Grabes meiner Eltern sterben. Soviel war es ja auch nicht, was ich dir gegeben habe – wozu da eine so große Belohnung?"
Schau' dir die Bescheidenheit dieses Mannes an. Und vergiss' es nie wieder: *Bescheidene Leute sind große Leute.* Die wahrhaft Großen in dieser Welt sind nicht die Schreier und Prahler. Nicht die, die sich am besten in Szene setzen und laut und lärmend verkaufen können. Sondern die, deren Wesen von Stille und Bescheidenheit gekennzeichnet ist. Barsillai war so einer, und das macht ihn grundsympathisch und zum Vorbild!
Und doch – dieser bescheidene Mann war in seiner Weisheit auch *weitblickend*. Und er dachte dabei nicht an sich selbst, sondern an seine Nachkommenschaft. Und er dachte nicht kurzfristig, sondern langfristig. Darum schlug er dem David vor, *Kimham* mit nach Jerusalem zu nehmen. Kimham, den er hier als Davids Knecht bezeichnet, der aber der Verwandtschaft nach Barsillais Sohn gewesen sein dürfte. David soll ihn mitnehmen und an ihm tun, „was ihm wohlgefällt". Das schloss sicherlich eine erst-

klassige Erziehung und Ausbildung bei Hof und eine entsprechende Stellung im Verwaltungs- oder Militärapparat des Reiches mit ein!

David ging willig auf das Ansinnen Barsillais ein und gab nun seinerseits zurück: „Nein, nein, ich will ihm alles tun, was *dir* wohlgefällt. Und wenn du für dich selber noch irgendwelche Wünsche hast, will ich sie dir auch erfüllen!".

Nach dieser denkwürdigen Verhandlung, bei der für ein junges Menschenleben entscheidende Weichestellungen vorgenommen wurden, folgt die ergreifende Abschiedsszene zwischen den beiden Männern: David entlässt den Barsillai mit Bruderkuss und Segensspruch. Dann kehrt der alte Mann zurück in seine Heimat und ist höchstwahrscheinlich dort auch gestorben.

David hingegen kehrt zurück nach Jerusalem und nimmt wie versprochen den Kimham mit.

Und damit enden die direkten Begegnungen, die wir in der Bibel mit Barsillai haben können. Aber auch wenn es eigentlich nur zwei sind, und die noch relativ kurz, können wir von dem alten Mann doch enorm viel lernen – und das nicht nur von seiner Barmherzigkeit und Freigebigkeit:

- *Er erwies dem rechten König die Ehre* – mach' es im Blick auf Jesus, den Gekreuzigten und Auferstandenen, genauso. Auch er ist der rechte göttliche König, dem von uns her Ehre erwiesen werden soll.
- *Barsillai war und blieb bescheiden* – bleib' auch du auf dem Teppich und sorge dafür, dass Erfolge, Ansehen, Reichtum usw. dir nie zu Kopf steigen!
- *Barsillai sorgte auch mit Weitblick für seinen Sohn* – diejenigen unter meinen Lesern, die Kinder haben, können daraus ihre je eigenen Schlussfolgerungen ziehen!

Doch das ist noch nicht alles. Und darum folgt nun noch:

3. Die letzte, indirekte Begegnung mit Barsillai

Es gibt nämlich in der Bibel noch zwei weitere Stellen, in denen von ihm die Rede ist.
Die erste findet sich am Anfang des ersten Königebuches. Dort liegt David auf dem Sterbebett. Er lässt seinen Sohn Salomo zu sich kommen, der sein Nachfolger werden wird. Und er gibt ihm letzte Anweisungen in Bezug auf verschiedene Personen, mit denen er es im Laufe seines Lebens zu tun gehabt hat.
- *Joab* soll bestraft werden, weil er einst den Feldhauptmann *Abner* und später seinen eigenen Nachfolger *Amasa* umgebracht hat.
- *Simëi (oder Schimi)*, der Mann, der ihm so schändlich fluchte, als er vor Absalom fliehen musste, soll auch noch seiner gerechten Strafe zugeführt werden.

Und dann redet David noch ausdrücklich von einer Gruppe von Männern, die *nicht* bestraft werden soll. Im Gegenteil:

1. Kön. 2,7: „Aber den Söhnen Barsillais, des Gileaditers, sollst du Barmherzigkeit erweisen, dass sie an deinem Tisch essen. Denn sie taten wohl an mir, als ich vor deinem Bruder Absalom floh."

Das überrascht uns – oder auch nicht. Der Vers zeigt, dass David nicht nur dem *Kimham* wohltun wollte, sondern auch noch *allen übrigen Söhnen* Barsillais. Vielleicht ist Barsillai damals mit seiner gesamten jungen Mannschaft nach Mahanajim gekommen. Vielleicht haben seine Söhne all die guten Sachen ausgeteilt, die der Vater mitgebracht hat. Und das hat David dem Barsillai nie vergessen. Es hatte Auswirkungen auf Kimham – und auf alle übrigen Nachkommen des Gileaditers!

Mir ist zu diesem Sachverhalt noch ein Vers aus den Sprüchen Salomos in den Sinn gekommen:

Spr. 11,17: „Ein barmherziger Mann nützt auch sich selber; aber ein herzloser schneidet sich ins eigene Fleisch."

Ist der erste Teil dieses Verses nicht im Leben Barsillais in Erfüllung gegangen? Und vergleiche seine Geschichte mit derjenigen *Nabals*, des Toren, in **1. Sam. 25**! Das war der Mann der Abigail, der David und seine Leute abwies, als sie ihn um eine Belohnung für ihren „Hütedienst" baten. David hätte sich beinahe an ihm vergriffen, wenn er nicht von der weisen Frau Nabals beschwichtigt worden wäre. Als Nabal später erfuhr, was seine Frau dem David und seinen Leuten an Proviant gebracht hatte – beinahe eine ähnliche Geschichte wie in **2. Sam. 17** –, traf ihn buchstäblich der Schlag! Aber auch das ist noch nicht alles. Einige Jahrhunderte vergehen, und die Bücher *Esra* und *Nehemia* werden geschrieben. Da finden wir im Verzeichnis der Heimkehrer aus dem babylonischen Exil in **Esra 2,61** folgende Notiz:

„Und von den Priestern: die Söhne Habaja, die Söhne Hakkoz, die Söhne Barsillai, deren Urahn eine von den Töchtern des Gileaditers Barsillai zur Frau genommen hatte und nach dessen Namen genannt wurde."

Da ist offenbar von einem Leviten die Rede, der eine von den Töchtern des Gileaditers Barsillai geheiratet hatte. Und es ist interessant: Der Mann und seine Nachkommen wurden fortan nicht mehr mit ihrem eigenen Namen genannt, sondern mit dem Namen des Vaters seiner Frau. Vielleicht war Barsillai so hoch angesehen, dass es als Schwiegersohn eine Ehre war, seinen Namen zu tragen!

Mich hat der ganze Vorgang erinnert an **Spr. 10,7**:

„Das Andenken des Gerechten bleibt im Segen; aber der Name der Gottlosen wird verwesen."

In der Übersetzung: „Hoffnung für alle" kommt das noch schöner heraus:

„An einen aufrichtigen Menschen erinnert man sich auch nach seinem Tod noch gerne; Gottlose dagegen sind schnell vergessen."

Wie wird es wohl sein, wenn du und ich eines Tages gestorben sind? Wird man sich an dich und mich auch mit Dankbarkeit zurückerinnern? Oder wird es gehen wie einst bei dem König *Joram* von Juda, von dem es in der Bibel heißt:

2. Chr. 21,20: „Zweiunddreißig Jahre alt war er, als er König wurde; und er regierte acht Jahre zu Jerusalem und ging dahin unbedauert."

Vielleicht ist es noch gut, zu beachten, *wessen* Andenken im Segen bleibt: es ist das *Andenken des Gerechten*. Und ein Gerechter im Sinne des Neuen Testaments ist ein Mensch, der sein Vertrauen auf Jesus gesetzt, durch ihn Vergebung der Sünden und neues, ewiges Leben empfangen hat. Solltest du das noch nicht getan und erfahren haben, so tue es doch noch heute! –

Was für ein schönes Vorbild begegnet uns in der ehrwürdigen Gestalt des Gileaditers Barsillai! Wie schön, dass wir Ausschnitte aus seinem Leben in der Bibel haben! Und ich glaube, er wird dich gütig lächelnd anblicken und sich riesig freuen, wenn du ihn einst im Himmel triffst und zu ihm sagen kannst: „Also ehrlich, Väterchen – von deiner Geschichte hab' ich mächtig profitiert!"

Hiël

Nun möchte ich deine Aufmerksamkeit auf die Geschichte eines Mannes lenken, von dem uns in der Bibel eigentlich nur in einem einzigen Vers etwas berichtet wird. Indirekt, so könnte man allerdings sagen, auch noch in einem zweiten. Ich werde dir gleich zeigen, was ich damit meine.

Von diesem Mann wissen wir, wie von so vielen Gestalten der Bibel, auf den ersten Blick nicht viel mehr als seinen Namen und einige wenige, weitere Details. Je mehr wir uns allerdings mit diesen Details beschäftigen, umso klarer wird manches, was sich im *Hintergrund* verbirgt.

Aber nun zunächst einmal der Vers in der Bibel, der von unserem Mann redet – **1. Kön. 16,34**:

„Zur selben Zeit baute Hiël von Bethel Jericho wieder auf. Es kostete ihn seinen erstgeborenen Sohn Abiram, als er den Grund legte, und seinen jüngsten Sohn Segub, als er die Tore einsetzte, nach dem Wort des HERRN, das er geredet hatte durch Josua, den Sohn Nuns."

Zur selben Zeit – das meint die Zeit des gottlosen Königs *Ahab* von Israel, der ungefähr von 874–853 v.Chr. regierte.

Und nun halte über Hiël von Bethel fest:

1. Er trug einen Namen, den er nicht beachtete

Hiël – der Name wird auf Deutsch verschieden wiedergegeben. Nach dem Eintrag in einem moderneren Bibellexikon bedeutet er: „Mein Gott ist Bruder". Ist der Name so

wiederzugeben, drückt er zwar eine Wahrheit aus, aber es muss doch die Frage gestellt werden, ob der Gott Israels – der Gott Abrahams, Isaaks und Jakobs – wirklich Hiëls Gott war. Bedenkt man verschiedene andere Details seines Lebens, so erscheint dies eher zweifelhaft.
Die sonstige Bedeutung dieses Namens hingegen wäre unbestritten. Es ließe sich damit auch ein guter, neutestamentlicher Bezugspunkt herstellen. Denn in **Hebr. 2,11** heißt es: „Denn weil sie alle von einem kommen, beide, der heiligt und die geheiligt werden, darum schämt er sich auch nicht, sie Brüder zu nennen...".
Christus ist unser Retter, Erlöser und Herr. Aber da beide, Christus und die Christen, vom selben Vater abstammen – sind sie tatsächlich auch „Brüder". Und Christus ist tatsächlich unser „Big Brother" – für einmal im besten Sinne des Wortes!
Aber davon wusste Hiël noch nichts, und selbst wenn er es gewusst hätte, kann man nicht sagen, dass er etwas davon in seinem Leben verwirklicht hätte!
Doch der Name Hiël wird noch anders wiedergegeben – zum Beispiel mit: „Es lebt El (Gott)" – was eine wahre Feststellung allgemeiner Art wäre. Und eine andere Quelle spricht kurz und trocken nur vom „Leben Gottes".
Die Übersetzung des Namens bleibt also schwierig. Wenn aber diejenige des moderneren Bibellexikons den neuesten, sprachlichen Erkenntnissen entspricht, dann gilt das, was ich gerade eben in Bezug auf Hiël gesagt habe!
Doch lässt sich von Hiël noch mehr sagen:

2. Er kam aus einem Ort der Sünde

Wie bitte? Er kam doch aus „Bethel", aus dem Haus Gottes! Das war doch, soweit wir uns erinnern, ein heiliger und gesegneter Ort:
- In der Nähe von Bethel hatte *Abraham* einen Altar errichtet **(1. Mose 12,8)**.
- *Jakob* errichtete bei seiner Flucht nach Haran dort ein Steinmal, nachdem er im Traum die Himmelsleiter gesehen hatte **(1. Mose 28,11–19)**.
- Nach **1. Sam. 7,16** war es einer der Orte, wo *Samuel* ganz Israel richtete.
- Der Ort besaß offenbar auch eine *Prophetenschule* **(2. Kön. 2,3)**.

Aber in späterer Zeit gab es in der „Verwendung" Bethels eine markante Änderung. Nach der Teilung Israels in das Nordreich Israel und das Südreich Juda lesen wir in **1. Kön. 12,28–30** Folgendes:
„Und der König hielt einen Rat und machte zwei goldene Kälber und sprach zum Volk: Es ist zuviel für euch, dass ihr hinauf nach Jerusalem geht; siehe, da ist dein Gott, Israel, der dich aus Ägyptenland geführt hat. Und er stellte eins in Bethel auf, und das andere tat er nach Dan. Und das geriet zur Sünde, denn das Volk ging hin vor das eine in Bethel und vor das andre in Dan."

Bethel war also zur Zeit des Königs *Ahab* von Israel, in der unsere Geschichte spielt, längst zu einem Ort jämmerlichen Götzendienstes geworden. *Jerobeam der I.* von Israel, von dem die Verse in **1. Kön. 12** sprechen, hatte dort die goldenen Kälber errichten lassen. Der Gedanke liegt nahe, dass auch Hiël, der von dort kam, diesem Götzendienst huldigte. Wie unsere weiteren Überlegungen zeigen werden, ist dies sogar sehr wahrscheinlich. Und darum lautet mein dritter Gedanke:

3. Er fasste einen Plan ohne Gott

Der Plan war: Jericho wieder aufzubauen. Jene Stadt, die nach **Josua 6** die erste war, die nach dem Überschreiten des Jordans vom Volk Israel erobert und eingenommen wurde.
Jericho, die Palmenstadt, eine alte, heidnische Siedlung, war eine starke Festung gewesen. Die Israeliten waren auf Gottes Geheiß an sechs Tagen je einmal und am siebten Tag siebenmal, also insgesamt 13mal, posaunenblasend um die Stadt gezogen: vorneweg die Armee, dann sieben Priester mit sieben Posaunen und der Bundeslade, hinterdrein das Volk. Am siebenten Tag fielen die Stadtmauern um, und Israel eroberte die Stadt.
Nun hieß es bereits in **5. Mose 20,16+17**:
„Aber in den Städten dieser Völker hier, die dir der HERR, dein Gott, zum Erbe geben wird, sollst du nichts leben lassen, was Odem hat, sondern sollst an ihnen den Bann vollstrecken, nämlich an den Hetitern, Amoritern, Kanaanitern, Perisitern, Hiwitern und Jebusitern, wie dir der HERR, dein Gott, geboten hat,...".
Das klingt auf den ersten Blick barbarisch – war aber von Gottes Seite her eine reine Schutzmaßnahme für sein Volk: sie sollten sich nicht mit dem Götzendienst dieser Völker anstecken. Außerdem hatte Gott mit diesen Völkern lange Jahrhunderte Geduld gehabt, ehe er sie richtete.
Und so berichtet die Bibel weiter:
„Aber die Stadt verbrannten sie mit Feuer und alles, was darin war. Nur das Silber und Gold und die kupfernen

und eisernen Geräte taten sie zum Schatz in das Haus des HERRN. ... Zu dieser Zeit ließ Josua schwören: Verflucht vor dem HERRN sei der Mann, der sich aufmacht und diese Stadt Jericho wieder aufbaut! Wenn er ihren Grund legt, das koste ihn seinen erstgeborenen Sohn, und wenn er ihre Tore setzt, das koste ihn seinen jüngsten Sohn!" **(Jos. 6,24.26)**. Josua hatte also einen Fluch auf den Wiederaufbau der Stadt gelegt. *Das* sollte nie mehr geschehen. Jericho war das erste Symbol der Eroberung und des zerstörten Götzendienstes, und sollte es auch für alle Zeit bleiben.

Und nun kommt Hiël von Bethel und will Jericho wieder aufbauen. Das war gegen Josuas Wort. Und es war wohl auch nicht im Sinne Gottes!

Nun lassen sich hier noch einige Fragen stellen und beantworten:

- *Lag Jericho zur Zeit Hiëls ganz in Trümmern?* Das ist eher fragwürdig. Wir sehen, dass Jericho auch nach **Josua 6** offenbar als einfache Hüttensiedlung weiter existierte. So heißt es beispielsweise in **Ri. 3,12+13**: „Aber die Israeliten taten wiederum, was dem HERRN missfiel. Da machte der HERR den Eglon, den König der Moabiter, stark gegen Israel, weil sie taten, was dem HERRN missfiel. Und er sammelte zu sich die Ammoniter und die Amalekiter und zog hin und schlug Israel *und nahm die Palmenstadt ein.*" Die Palmenstadt, das ist Jericho.

Und in **2. Sam. 10,5** wird über einen gottlosen Ammoniterkönig vermerkt:

„Da nahm Hanun die Gesandten Davids und ließ ihnen den Bart halb abscheren und die Kleider halb abschneiden bis unter den Gürtel und ließ sie gehen. Als das David angesagt wurde, sandte er ihnen Boten entgegen; denn die Männer waren sehr geschändet. Und der König ließ ihnen sagen:

Bleibt in Jericho, bis euer Bart gewachsen ist; dann kommt zurück."
Auch hier also wird Jericho wieder erwähnt. Wenn es die Stadt aber auch *nach* **Jos. 6** und *vor* **1. Kön. 16,34** noch gab – wieso musste sie dann *wiederaufgebaut* werden? Viele Ausleger denken hier, dass nicht die Stadt selber wieder aufgebaut wurde, sondern nur die *Stadtmauern* mit ihren Toren. Die Stadtmauern, das Symbol der Befestigung und des Widerstandes. Und *das* hätte Hiël nie tun dürfen!

- *Wusste denn Hiël nichts von Josuas Fluch?* Das ist gut möglich. Die Zeit Ahabs von Israel war eine Zeit eklatanten Götzendienstes. Der Jahwekult war in Israel praktisch ausgestorben. Es gab nur noch heimliche Anhänger des Jahwe Israels (wie Ahabs Haushofmeister Obadja), versteckte Propheten (in Höhlen) und einen zeitweise verschwundenen Propheten (Elia). Vielleicht waren da biblische Prophezeiungen einfach in Vergessenheit geraten. Es gab wohl auch keine öffentlichen Schriftlesungen mehr. Der Kontakt zum Tempel in Jerusalem war den Leuten abgeschnitten worden. Synagogen gab es wohl noch keine. Aber selbst wenn es so war, dass Hiël nichts mehr vom Fluch Josuas wusste, so gilt doch der Satz: *Unwissenheit schützt vor Strafe nicht!* Und wenn Josuas Prophezeiung aus früherer Zeit im Volk noch allgemein bekannt war – dann ist Hiëls Sünde umso schwärzer. Wenn er sich bewusst und willentlich über dieses Wort hinwegsetzen wollte, dann hat er hier richtiggehend gefrevelt!
- *Aber wieso wollte Hiël von Bethel Jericho überhaupt wieder aufbauen?* Darüber können wir nur Mutmaßungen anstellen.

Nach **Jos. 18,21** gehörte Jericho nach der Landverteilung zum Stammesgebiet der Benjaminiter:

„Die Städte aber des Stammes Benjamin für seine Geschlechter sind diese: Jericho, Bet-Hogla, Emek-Keziz,..." usw.

Bei der Teilung des Reiches fiel die Stadt dann offenbar dem Gebiet Ahabs zu. Es kann sein, dass Ahab sich den Durchgang durch den Fluss sichern wollte und es deshalb nicht ungern sah, dass Hiël für ihn diese Arbeit erledigen wollte.

So könnte man also auch sagen: Vielleicht wollte Hiël von Bethel durch den Wiederaufbau der Stadtmauern Jerichos seinem gottlosen König *imponieren*. Was er offensichtlich nicht im Sinne hatte, war: dem Gott Israels zu *gefallen*.

Was ist eigentlich dein Ziel? Das Ansehen bei den Menschen um jeden Preis – oder das Wohlgefallen Gottes über deinem wenn auch angefochtenen Leben?

Ich musste noch denken: Hiël von Bethel verstieß gegen ein grundlegendes biblisches Prinzip. Es steht in **Gal. 2,18** und lautet:

„Denn wenn ich das, was ich abgebrochen habe, wiederum baue, mache ich mich selbst zu einem Übertreter."

Dort natürlich bezogen auf das Gesetz, dessen Einhaltung sich die Galater wieder neu verschrieben hatten und dadurch aus der Gnade gefallen waren. Der Satz scheint mir aber eine noch über den unmittelbaren, konkreten Bezug hinausgehende Bedeutung zu haben. Hast du auch Dinge aus deinem alten Leben zerbrochen – alte, böse Gewohnheiten, Vorlieben, Beziehungen oder was auch immer – und dann hast du sie irgendwann wieder „an Bord" geholt? Und herrscht darum jetzt „Dauerkrise" in deinem geistlichen Leben?

Begehe nicht den Fehler Hiëls! Baue das Zerbrochene nicht wieder auf!

Und wir können noch mehr von Hiël lernen:

4. Er erlitt einen ersten, schweren Verlust

Die Bibel berichtet, dass er seinen erstgeborenen Sohn Abiram verlor, als er den Grundstein für die Stadtmauern legte.

„Abiram" hieß dieser Sohn, das heißt ins Deutsche übersetzt: „Vater der Höhe" oder: „Stolz". Vielleicht sollte dieser Name zum Ausdruck bringen, dass Abiram der Stolz seines Vaters war. In diese Richtung weist auch eine andere Deutung seines Namens: „Erhoben ist mein Vater". Und zwar dadurch, dass ihm Abiram geboren worden war. – Oder müssen wir sagen: der Name war Ausdruck von seines Vaters Hochmut?

Abiram hatte auch einen berühmt-berüchtigten Namensvorgänger: jenen Abiram, der zusammen mit seinem Bruder Dathan und dem Leviten Korah einen Aufstand gegen Mose und Aaron organisierte und im Gottesgericht unterging **(2. Mose 16)**. Warum Hiël seinem Sohn ausgerechnet diesen Namen gab, wissen wir nicht – vielleicht war es aber ein allgemein üblicher Name.

Sowohl im Blick auf Abiram wie auch nachher im Blick auf den unglücklichen Segub gehen die Meinungen darüber auseinander, was ihnen wirklich widerfuhr.

Die einen sind der Ansicht, dass es sich bei dem Verlust der beiden Söhne um einen Unglücksfall handelte.

Andere befürchten, dass sich hinter der Mitteilung in **1. Kön. 16** noch etwas weit Schlimmeres verbergen könnte. Bei Ausgrabungen am Turm des Bel zu Nippur in Babylon wurden nämlich menschliche Schädelknochen gefunden, die in die Wände eingemauert waren. Es wäre also theoretisch auch denkbar, dass Hiël im Rahmen eines heidnischen Rituals seine Söhne irgendwelchen Göttern opferte!

Es ist auch nicht ganz klar, ob der Fluch Josuas wirklich nur den Erstgeborenen und den Jüngsten betraf, oder ob er

im Sinne eines „von – bis" aufzufassen ist. Wenn Letzteres, dann würde dies bedeuten, dass Hiël nacheinander alle seine Kinder verlor – und dass er über lange Jahre übermäßig viel Zeit und Kraft in das Unternehmen investieren musste, und das bei sehr zweifelhaftem Erfolg!
Auf alle Fälle lehrt uns dieser ganze Vorgang: Wer etwas gegen den erklärten Willen Gottes tut, muss mit Züchtigung und Verlust rechnen. Jedoch müssen wir über Hiël als Nächstes sagen:

5. Er setzte seinen Eigenwillen durch

Man hätte ja nun annehmen können, dass ein Mann, der einen so schweren Verlust erleidet, zuerst einmal innehält und sich fragt, ob das, was er da tut, eigentlich richtig ist und Gottes Willen entspricht. Wenn eine derartige Unternehmung so schrecklich ausgeht, dann muss doch einmal die Frage erlaubt sein und auch gestellt werden, ob sich hier nicht einer auf dem Holzweg befindet.
Hiël jedoch plagten offensichtlich keine derartigen Überlegungen. Er handelte nach dem Motto: „Augen zu und durch!" Irgendwelche Skrupel kamen ihm offenbar nicht. Im Gegenteil.
Die Bibel sagt dazu – **Spr. 14,16**: „Ein Weiser scheut sich und meidet das Böse; ein Tor aber fährt trotzig hindurch."
Offensichtlich sagte sich Hiël: „Jetzt erst recht! Jetzt hat mich der Wiederaufbau dieser elenden Stadtmauern schon so viel gekostet – da werde ich jetzt nicht auf halbem Wege stehenbleiben. Was ich angefangen habe, das will ich auch zu Ende führen!"
Unter anderen Bedingungen wäre das ja eigentlich ein lobenswerter Ansatz gewesen. Aber jetzt war es nur Aus-

druck bösen Eigenwillens und hochmütigen Trotzes. Und folgerichtig geht es darum mit Hiël so weiter:

6. Er erlitt einen zweiten, schweren Verlust

„Segub" – auch dieser Name bedeutet soviel wie „Erhoben". Und dieser Segub – Hiëls jüngster Sohn – er stirbt, als die Tore in die Stadtmauer eingesetzt werden. Wieder kann man rätseln, ob es sich dabei um einen Unfall handelte, oder um ein heidnisches Opfer. Aber wie es auch immer war – auf alle Fälle hat Hiël seinen Eigenwillen und den Wiederaufbau Jerichos teuer bezahlt. Jetzt, nach dem zweiten Todesfall, war es für jedermann ersichtlich, dass hier nicht mehr bloß der Zufall unglücklicher Umstände im Spiel war. Hier war ein Mann, der mit einem Unternehmen beschäftigt war, das offensichtlich nicht unter Gottes Segen stand!
Und so wurde aus dem Mann, der seinen Kindern so „hohe" Namen gegeben hat, ein bis in den Staub Erniedrigter. Wieviele bittere Tränen wird er wohl geweint haben! Und die Mutter oder die Mütter seiner Söhne ebenso! Jetzt hatte sein Unternehmen so gar nichts mehr Herrliches und Glänzendes an sich. Zwar hatte er den mehr als zweifelhaften Ruhm, diese Stadt wieder befestigt und in diesem Sinne wiederaufgebaut zu haben. Aber an den Stadtmauern von Jericho klebte hässliches Blut – das Blut seiner Kinder. Ausdruck eines unbeugsamen Eigenwillens, dem kein Opfer zu groß gewesen war, um sich durchzusetzen. Richtig freuen konnte sich Hiël am Tage der „Wiedereinweihung" Jerichos auf jeden Fall nicht. Zu hoch war der Preis, den er für seinen Erfolg hatte entrichten müssen.
Aber sein Handeln hat sich seither wohl unzählige Male wiederholt. Wie viele Männer haben für ihre ehrgeizigen

Pläne ihre Familien fast buchstäblich geopfert – und standen eines Tages mit Tränen an den Gräbern derer, die sie für ihr Eigenes schmählich vernachlässigt oder gar in den Untergang getrieben hatten! So manche Karriere war nur möglich, weil die nächsten Familienangehörigen dafür sozusagen „einbetoniert" wurden. Und so mancher hätte wohl schon seine erfolgreich hingestellten Jerichos selber wieder eingerissen, wenn er dafür nur die hätte zurückholen können, die er darüber verloren hatte!
So enthält die Geschichte Hiëls auch in dieser Hinsicht für uns eine ernste Mahnung. Groß und unübersehbar tönt ihre Botschaft zu uns herüber: Der Eigenwille rentiert sich nie! Was nicht unter dem Segen Gottes steht, führt in Verlust und Untergang! Es bringt einem auch vor anderen keine Ehre ein. Mag sein, dass einige das scheinbar eiserne *Durchhaltevermögen* des Hiël bewundert haben – andere hingegen mögen über seine *Starrköpfigkeit* nur den Kopf geschüttelt haben. Sieh zu, dass auch du in deinem eigenen Leben diese beiden Dinge nicht tragisch miteinander verwechselst!
Wir können noch eine Lektion aus Hiëls Leben ersehen:

7. Er musste lernen: Gottes Wort ist zuverlässig

Der Fluch war zwar von Josua ausgesprochen worden – aber aufgrund der Tatsache, dass der Himmel diesen Fluch akzeptierte, wurde er sozusagen zum „Gotteswort". Der Himmel hielt sich daran. Und minutiös traf das Wort Josuas ein.
Wir nehmen gerne die positiven Verheißungen aus dem Wort Gottes und stützen uns darauf. Zum Beispiel:

„Alle eure Sorge werfet auf ihn, denn er sorget für euch." **(1. Petr. 5,7).** Wer nimmt das nicht gerne für sich in Anspruch!
„Fürchte dich nicht, ich bin mit dir! ..." **(Jes. 41,10).** Solche Worte gefallen uns. Wir können meist nicht genug davon haben. Und es ist ja auch recht, wenn wir uns daran freuen und unser ganzes Vertrauen darauf setzen.

Wir übersehen aber manchmal, dass Gottes Wort *in beiden Richtungen* zuverlässig ist: im Guten wie im Bösen. Wie Gott an seinem Volk alle Segnungen einlösen wird, von denen in **5. Mose 28** die Rede ist, genauso ließ er auch all die Flüche über sie kommen, von denen dort gesprochen wird. Gott schickt gern die Segnungen – er schickt aber auch, wenn es gar nicht mehr anders geht, die Sanktionen, die er angedroht hat. Und dabei spielt es keine Rolle, wieviel Zeit liegt zwischen dem Aussprechen seines Wortes und dessen Erfüllung. Josua hatte seinen göttlich beglaubigten Fluch etwa um das Jahr 1405 v.Chr. herum ausgesprochen – jetzt, zur Zeit Hiëls, sind ungefähr fünfeinhalb Jahrhunderte vergangen. Aber Gottes Wort veraltet nicht – auch wenn sich seine Erfüllung hinzieht. Es verliert nie etwas von seiner Aktualität und Frische – mögen auch lange Jahrhunderte zwischen seinem Ergehen und seiner Einlösung verstreichen. Das sagt auch uns etwas – zum Beispiel in Bezug auf die Wiederkunft Jesu Christi. Die Verheißungsworte Gottes mögen lange Zeit daliegen wie Samen auf dem Acker, der scheinbar nicht aufgegangen ist – aber plötzlich sprießt eine grüne Pflanze aus dem dürren Erdreich hervor. Mögen Gottes Worte auch vertrocknet wirken – sie sind es nicht und nie!

Bevor wir zur letzten Lektion übergehen, an dieser Stelle noch eine Bemerkung zum weiteren Schicksal Jerichos. Es wurde auch später immer wieder erwähnt:

- Nach Jericho wurden die gefangenen *Judäer* zurückgebracht, die im Bruderkrieg mit Israel gefangengenommen worden waren **(2. Chr. 28,15)**.
- Bei Jericho wurde der letzte König des Südreiches, *Zedekia*, von den Chaldäern gefangengenommen **(Jer. 39,5)**.
- Selbst aus dem babylonischen Exil kamen 345 Einwohner Jerichos zurück. Sie halfen auch mit beim Wiederaufbau der Stadtmauer Jerusalems **(Esra 2,34; 3,2)**.
- In der Zeit des Neuen Testaments war Jericho der Ort, wo Jesus eine bedeutsame Heilung vollbrachte **(Luk. 18,35–43)**.
- In Jericho rief Jesus den Zöllner Zachäus in seine Nachfolge **(Luk. 19,1–10)**.

Doch nun noch das Letzte, was wir von Hiël lernen können:

8. Er starb in ...

Und an dieser Stelle muss ich offenlassen, wie's weiterging. Wenn ich sage: „Er starb in...", dann meine ich damit nicht den *Ort* seines Todes. Sondern ich spiele an auf den *Zustand*, in dem er sich zum Zeitpunkt seines Todes befand. Und wie war der wohl beschaffen? Was ist innerlich aus dem schwer geschlagenen Hiël von Bethel geworden? Niemand außer Gott weiß es. Die Bibel berichtet uns nichts mehr weiter über ihn. Aber sie reicht die Frage an uns weiter.

Es gibt manche Heim-Suchungen – im Leben von Nichtchristen und Christen. Und immer sind die Schicksalsschläge unseres Lebens eine Anfrage an uns – vielleicht ein Rückruf ins Vaterhaus, das wir schuldhaft verlassen haben.

Wenn es gut kommt, dann verarbeiten wir die Heim-Suchungen unseres Lebens *so*.

Es gibt aber auch die andere Möglichkeit: Wir verbittern dauerhaft und verschließen uns Gott gegenüber. Sehr viele Menschen, die schon ein Leben lang ohne Gott gelebt haben, haben das so erfahren. Der erlittene Schlag machte sie nur noch härter. Sie wurden nur noch verstockter und halsstarriger. Das ist der traurigste Fall, der eintreten kann. Statt Beugung vor Gott – noch härterer Widerstand. Statt Demütigung vor dem Herrn – noch ärgere Gottesablehnung, noch größerer Hass.

Wenn Gott auch dich heimgesucht hat und du dich ihm gegenüber nur noch mehr verschlossen hast – was hat es dir bis jetzt eigentlich gebracht? Bist du glücklicher geworden? Hat dein Toben gegen Gott auch nur das Geringste an deiner Situation verändert oder verbessert? Gäbe es nicht doch noch die Möglichkeit, auf Gottes schwere Züchtigungswege in deinem Leben ganz anders zu reagieren? Beispielsweise mit Buße, mit Umkehr zu Jesus? Oder, wenn du ein Christ bist: mit Sündenbekenntnis und erneuerter Hingabe an ihn? Dann wäre die Heim-Suchung, so schwer sie auch war, nicht völlig umsonst gewesen.

So meine ich, selbst aus der so ganz negativen Geschichte des Hiël von Bethel können wir noch etwas Positives für uns gewinnen. „Denn alle Schrift, von Gott eingegeben, ist nütze zur Lehre, zur Aufdeckung der Schuld, zur Besserung, zur Erziehung in der Gerechtigkeit, auf dass ein Mensch Gottes vollkommen sei, zu allem guten Werk geschickt." **(2. Tim. 3,16+17)**.

Obadja

Erinnerst du dich noch an die Geschichte von *Elia* und dem sogenannten „Gottesurteil auf dem Karmel"? Auch sie spielte zur Zeit des gottlosen Königs *Ahab* von Israel. Da hatte der Prophet eine Auseinandersetzung mit den Baalspriestern, die damals in Israel das religiöse Leben beherrschten. Und er durfte erleben, dass Jahwe sich als der allein wahre Gott erwies. Die Details dieser Geschichte werden vielen meiner Leser bekannt sein. So brauche ich sie gar nicht in allen Einzelheiten zu erzählen. Was allerdings vielleicht weniger bekannt ist, ist die Tatsache, dass *in* die Geschichte von Elia und den Baalspriestern hinein noch eine andere Geschichte gewoben ist. Sie ist unauffälliger – aber auf ihre Weise auch bemerkenswert. Dahin möchte ich nun deine Aufmerksamkeit lenken.

1. Kön. 18,3–17: „ **3** Und Ahab rief Obadja, seinen Hofmeister – Obadja aber fürchtete den HERRN sehr; **4** denn als Isebel die Propheten des HERRN ausrottete, nahm Obadja hundert Propheten und versteckte sie in Höhlen, hier fünfzig und da fünfzig, und versorgte sie mit Brot und Wasser –; **5** und Ahab sprach zu Obadja: Wohlan, wir wollen durchs Land ziehen zu allen Wasserquellen und Bächen, ob wir Gras finden und die Rosse und Maultiere erhalten könnten, damit nicht alles Vieh umkommt. **6** Und sie teilten sich ins Land, dass sie es durchzogen. Ahab zog allein auf dem einen Weg und Obadja auch allein auf dem andern Weg. **7** Als nun Obadja auf dem Wege war, siehe, da begegnete ihm Elia. Und als er ihn erkannte, fiel er auf sein Antlitz und sprach: Bist du es nicht, Elia, mein Herr? **8** Er sprach: Ja! Geh hin und sage deinem Herrn: Siehe, Elia ist da! **9** Obadja aber sprach: Was hab ich gesündigt, dass du deinen Knecht in die Hände Ahabs geben willst, dass er mich tötet? **10** So wahr der HERR, dein Gott, lebt: es gibt kein Volk noch Königreich, wohin mein Herr nicht gesandt hat, dich zu suchen. Und wenn sie sprachen: Er ist nicht hier, nahm er einen Eid von dem Königreich und Volk, dass man dich nicht gefunden hätte. **11** Und nun sprichst du: Geh hin, sage deinem Herrn: Siehe, Elia ist da! **12** Wenn ich nun hinginge von dir, so könnte dich der Geist des HERRN entführen, und ich wüsste nicht wohin; und wenn ich dann käme und sagte es Ahab an und er fände dich nicht, so tötete er mich. Und doch fürchtet dein Knecht den HERRN von seiner Jugend auf. **13** Ist's meinem Herrn Elia nicht angesagt, was ich getan habe, als Isebel die Propheten des HERRN tötete? Dass ich von den Propheten des HERRN hundert versteckte, hier fünfzig und da fünfzig, in Höhlen und versorgte sie mit Brot und Wasser? **14** Und nun sprichst du: Geh hin, sage deinem Herrn: Elia ist da! Dann wird er mich töten. **15** Elia sprach: So wahr der HERR Zebaoth lebt, vor dem ich stehe: ich will mich ihm heute zeigen. **16** Da ging Obadja hin Ahab entgegen und sagte es ihm an. Und Ahab ging hin Elia entgegen. **17** Und als Ahab Elia sah, sprach Ahab zu ihm: Bist du nun da, der Israel ins Unglück stürzt?"

Sicher hast du bemerkt, mit wem ich mich jetzt beschäftigen möchte. Es geht auch jetzt wieder um eine Gestalt, über die wohl eher selten gesprochen wird: um *Obadja*, den Hofmeister Ahabs. Über sein Leben finden wir in unserem Text eine ganze Reihe interessanter Details. Und so wollen wir der Reihe nach festhalten:
Obadja war...

1. ...ein Mann in hoher Stellung

1. Kön. 18,3: „Und Ahab rief Obadja, seinen Hofmeister..."

Das bedeutet: Obadja war sozusagen der „Manager" oder „Geschäftsführer" am Hof des Königs Ahab von Israel. Man könnte ihn auch als „obersten Verwalter" oder „Palastvorsteher" bezeichnen. Der „Hofmeister" gehörte in alter Zeit neben dem sogenannten „Kanzler" und dem „Schreiber" zu den drei höchsten Hofbeamten. Seine Aufgaben waren die Versorgung des Hofes, die Verantwortung für das Hofzeremoniell und die Vermittlung des Zugangs zum König.
Es wird uns nicht berichtet, aus welcher Familie Obadja kam und wie er zu seiner hohen Stellung gekommen war. Aber er muss offensichtlich ein tüchtiger Mann gewesen sein. Sonst wäre er wohl nie in die Stellung gekommen, die er innehatte.
Immer wieder begegnet uns das in der Bibel: Menschen, die an Gott glaubten – und Obadja glaubte an ihn, wie wir schon gelesen haben –, wurden von ihm in sehr hohe Ämter und Stellungen gebracht.
- Ich erinnere an *Joseph in Ägypten*. Er stieg nach der Zeit seiner schmachvollen Erniedrigung zum Ersten nach dem König auf und verwaltete vor und während der großen Hungersnot und wohl auch noch danach die Kornkammern des Pharao.
- Und wir denken natürlich auch an *Daniel, den Staatsmann*. Er war erst in Babel ein jüdischer Gefangener. Dann aber stieg er zu hohen Würden auf und verwaltete in seltener Treue sein Amt. Er wurde mehrmals schwer geprüft, aber er blieb seinem Gott treu. Gott belohnte ihn dafür mit den allerhöchsten Offenbarungen.

Nun – die meisten von uns haben in der Welt keine sehr hohen Ämter inne. Aber wir finden auch in christlichen Gemeinden immer wieder Menschen, die in große Verantwortungen hineingestellt sind. Solltest du so jemand sein, so kann ich dir aufgrund dieses und ähnlicher Texte in der Bibel sagen: *Dein Stand ist ein rechter Stand.* Kinder Gottes müssen nicht immer auf den niedrigsten Positionen herumkrebsen. Und wenn Gottes Gnade dich in eine hohe Stellung gesetzt hat, dann danke ihm dafür. Freilich, es wird dir dann auch gehen nach dem Satz Jesu aus **Luk. 12,48:**

„...wem viel gegeben ist, bei dem wird man viel suchen; und wem viel anvertraut ist, von dem wird man um so mehr fordern."

Aber so ist das eben. Würde bringt Bürde! Dennoch ist ein hoher Stand prinzipiell nichts Falsches.
Und noch etwas ist in diesem Zusammenhang von Bedeutung – und das führt uns zum nächsten Gesichtspunkt: Obadja war...

2. ...ein gottesfürchtiger Mensch

1. Kön. 18,3: „Und Ahab rief Obadja, seinen Hofmeister – Obadja aber fürchtete den HERRN sehr;"

Er war also ein an Gott gläubiger Mensch. Und er hatte eine rechte Portion Ehrfurcht oder Furcht vor Gott. Der Name „Obadja" bedeutet ja schon: „Knecht des Herrn". Und Obadja trug nicht nur den Namen, sondern war auch die lebendige Verkörperung davon!

Das Erstaunliche daran ist, dass *vordergründig* ja etwas ganz Anderes sichtbar war. Vor den Menschen stand Obadja nicht in erster Linie im Dienst des Herrn, sondern im Dienst des damals regierenden israelischen Königs! Und der war alles andere als gottesfürchtig.
Dennoch aber diente Obadja auch dem Herrn. So könnte man versucht sein, zu sagen: Obadja diente *zwei* Herren – seinem *Gott*, und dem *König Ahab*. Wenn man aber genauer hinschaut, so sieht man: In Wahrheit diente Obadja eigentlich nur *einem*. Oder, wenn man den irdischen Arbeitgeber doch mitberücksichtigen will, könnte man sagen: es gab eine klare Reihenfolge. Der *himmlische* Herr war Obadja in jedem Falle wichtiger als der *irdische*. Er fürchtete sicher auch seinen irdischen Herrn – der war als Götzendiener und nicht vom Glauben an Gott geprägter Mensch sowieso unberechenbar. Aber noch mehr fürchtete er den Himmlischen. Ich werde gleich noch erklären, warum.
Zuvor jedoch noch der Hinweis darauf, dass Obadjas Gottesfurcht keine völlig neue Angelegenheit war. Achte darauf, was Obadja am Schluss von **V. 12** mitteilt: *Er fürchtete den Herrn schon von seiner Jugend auf.*
Vielleicht sind sich junge, gläubige Menschen nicht immer des Vorrechts bewusst, schon früh im Leben den Herrn gefunden zu haben. Vielleicht schätzen sie nicht immer das gläubige Elternhaus, in dem sie schon von Kindesbeinen an das Evangelium hören konnten.
Wenn du ein junger Christ sein solltest: Wann hast du zum letzten Mal dafür gedankt, dass du *schon jetzt* ein Christ sein darfst? Wann hast du zum letzten Mal gedankt für die Aussicht, Gott ein ganzes langes Leben lang dienen zu dürfen – sei es in einem normalen, weltlichen Beruf, oder vielleicht sogar vollzeitlich als Prediger oder Missionar? Und wann hast du zum letzten Mal gedankt für dein gläubi-

ges Elternhaus – auch wenn es viele Unvollkommenheiten haben mag?

Wir unterschätzen manchmal, was es bedeutet, schon früh im Leben Rettung zu erfahren und den Herrn kennenzulernen. Vor wieviel Unglück und Irrwegen kann man dadurch bewahrt bleiben!
Wir können aus unserer Geschichte noch etwas lernen. Obadja begann früh mit seiner Gottesfurcht – und als erwachsener Mann hatte er sie immer noch! Es ging in seinem Leben nach dem Wort aus **Spr. 22,6**: „Gewöhne einen Knaben an seinen Weg, so lässt er auch nicht davon, wenn er alt wird."
Lieber junger Leser – nimm das alles zu Herzen und ziehe die richtigen Schlussfolgerungen daraus!
Und du, lieber Christ in hohem Stand – wie beeinflusst eigentlich dein Glaube deine Tätigkeit? Ist dein Alltag geprägt und durchtränkt von deinem Glauben an Gott und seinen Sohn Jesus Christus? Oder gibt es da etwa jene schreckliche Trennung in zwei Bereiche: am Sonntag ein Christ – und unter der Woche ein Heide? –
Und wir sehen als nächstes: Obadja war...

3. ...ein glaubwürdiger „Täter des Wortes"

1. Kön. 18,4: „...denn als Isebel die Propheten des HERRN ausrottete, nahm Obadja hundert Propheten und versteckte sie in Höhlen, hier fünfzig und da fünfzig, und versorgte sie mit Brot und Wasser –;"

Als Obadja erfuhr, wie Ahab und seine gottlose Frau Isebel mit den Propheten des Herrn umgingen, da packte ihn noch mehr Furcht als vorher – nämlich die nackte Furcht vor

Gottes Gericht. Obadja wusste: Solche Mordaktionen können nicht gut ausgehen. Er sah das Unheil schon voraus, das sich für Ahab und seine Frau und den ganzen Hof zusammenbraute. Und er wollte selber nicht in das Gericht Gottes über Ahabs Morde hineingezogen werden. Daher leitete ihn seine Gottesfurcht zu einer außergewöhnlichen Aktion.
Er begann, im Geheimen Propheten des Herrn zu verstecken. Zuerst machte er zwei Höhlen ausfindig, die nicht so leicht zu entdecken waren. Dann schaffte er es irgendwie, je fünfzig Propheten – also insgesamt hundert – in diesen beiden Höhlen unterzubringen. Und er versorgte sie mit Brot und Wasser, was sicher alles andere als ungefährlich war.
Doch Obadja verfügte sozusagen über den „Mut der Verzweiflung". Und wir sehen an seinem Tun: Er handelte schon nach einem neutestamentlichen Prinzip, obwohl er das Neue Testament noch gar nicht hatte:
Apg. 5,29: „Man muss Gott mehr gehorchen als den Menschen."
Obadja ließ sich nicht vor den Karren der allgemeinen Prophetenverfolgung spannen. Im Gegenteil. Das Ansehen bei Gott war ihm wichtiger als das Ansehen bei Menschen.
Jak. 1,22: „Seid aber Täter des Worts und nicht Hörer allein, wodurch ihr euch selbst betrügt."
Jak. 2,17: „So auch der Glaube, wenn er nicht Werke hat, ist er tot in sich selber."
Diesen fauligen Verwesungsgeruch des Todes wollte Obadja nicht an sich haben!
Wie ist das in deiner beruflichen Stellung? Man sagt ja manchmal, je höher hinauf einer kommt, umso größer werden für ihn die Versuchungen. Heutzutage einen hohen Posten haben und dabei noch Gott an die erste Stelle setzen und reine Hände behalten – das ist eine Herausforderung.

Wie gehst du mit den Dilemmen um, die in diesem Zusammenhang immer wieder auftauchen? Und hat dein Glaube auch immer wieder praktische, barmherzige Konsequenzen? Der Jakobusbrief warnt uns vor einer furchtbaren Gefahr, nämlich Jahr für Jahr die christliche Lehre zu hören, zu allem Ja und Amen zu sagen – und es im Wesentlichen beim Kopfwissen bewenden zu lassen. Ist das nicht oft genau unser Elend? Manche wissen alles, aber tun fast nichts. Etliche unter uns sind hervorragende Dogmatiker – aber von der Praxis haben sie nur wenig Ahnung. Irgendwie verleiblicht sich unser Glaube nicht. Es ist immer viel netter, zu theoretisieren, als sich wirklich die Hände schmutzig zu machen. Ist das dein Problem? Dann lerne von Obadja. – Als nächstes möchte ich festhalten: Obadja war...

4. ...ein Diener, der volles Vertrauen genoss

1. Kön. 18,5+6: „5 ...und Ahab sprach zu Obadja: Wohlan, wir wollen durchs Land ziehen zu allen Wasserquellen und Bächen, ob wir Gras finden und die Rosse und Maultiere erhalten könnten, damit nicht alles Vieh umkommt. 6 Und sie teilten sich ins Land, dass sie es durchzogen. Ahab zog allein auf dem einen Weg und Obadja auch allein auf dem andern Weg."

Ist es nicht bemerkenswert? Obadja versteckt aus Gottesfurcht die Propheten des Herrn und hat eine heimliche Versorgungsaktion laufen – doch Ahab schöpft keinen Verdacht. Es begegnet uns hier ein israelischer König, der in seinen Hofmeister offenbar vollstes Vertrauen hat. Wir erkennen auch nicht den Schimmer eines Verdachtes!

Im Gegenteil: Auf der Suche nach Gras für die Tiere teilt Ahab das gesamte Staatsgebiet in zwei Teile und lässt seinen Hofmeister gleichberechtigt neben sich suchen. Ahab untersucht die eine Hälfte, Obadja die andere. Denn Ahab weiß: *Auf Obadja kann ich mich verlassen.* Er wird mich nicht hintergehen oder betrügen. Wenn er Gras findet, wird er es mir melden.

Es kann sein, dass dem Ahab der Glaube des Obadja bekannt war. Und vielleicht gefiel ihm dieser veraltete und verachtete Glaube an den Jahwe Israels nicht. Vielleicht hätte er es lieber gesehen, wenn Obadja ein Götzendiener gewesen wäre wie er, seine Frau und viele andere. Aber er achtete den Obadja, denn er wusste: sein Glaube machte ihn zuverlässig.

Das ist in der Geschichte des Reiches Gottes auf Erden schon oft so gewesen. Ich habe immer wieder davon gehört, dass so mancher weltliche Herrscher, der mit dem Christentum überhaupt nichts am Hut hatte, doch Christen an seinem Hof oder im Regierungsapparat beschäftigte. Warum? Weil er wusste: *die Christen sind zuverlässig.* Auf die kann man bauen. Da gibt es keine Schlampereien, kein Lügen und Betrügen.

Du brauchst in der Bibel nur das Beispiel des Daniel anzuschauen und wirst sofort bestätigt finden, was ich sage. Als **Daniel** in **Kapitel 6** des gleichnamigen Buches aus Neid wegen seines Gottesglaubens an den Pranger gestellt und schließlich in die Löwengrube geworfen wurde, hatte der König Darius aus Medien überhaupt keine Freude daran. Er konnte zwar wegen der erlassenen Verfügung nicht zurück – aber glücklich war er damit nicht. Die Bibel berichtet, dass er Daniel Freiheit und Leben erhalten wollte. Bis zum Sonnenuntergang mühte er sich, ihn zu retten. Als das nicht mehr ging und Daniel eine furchtbare Nacht in der Löwengrube zubringen musste, ging es seinem König mindestens genauso schlecht wie ihm. Er fand keinen Schlaf und wollte auch nichts essen.

Warum das alles? Weil er Daniel schätzte. Weil er wusste, was er an ihm hatte. So ist es schon vielen anderen Herrschern und Staatsmännern ergangen.

Ist es bei dir auch so, dass du das volle Vertrauen deines Chefs genießt, weil du ein zuverlässiger Mitarbeiter bist? Oder muss man von dir sagen: ein gläubiger Christ – aber ein perfekter Schlamper?

Es ist schlecht, wenn christliche Arbeitgeber sagen müssen – ich habe solche Dinge schon gehört –: „Ich nehme lieber Nichtchristen als Christen in die Firma. Die Christen meinen oft nur: weil der Chef gläubig ist, kann ich mir alles erlauben."

Und es ist noch schlechter, wenn wir uns zu Jesus bekennen und dann vor *weltlichen* Arbeitgebern ein schlechtes Beispiel liefern!

Bei Obadja war das offenbar anders. Ahab übertrug ihm eine hohe Verantwortung nach der andern. So ist uns Obadja ein Vorbild. – Und er war...

5. ... einer, dem Gott Gelingen schenkte

1. Kön. 18,7: „Als nun Obadja auf dem Wege war, siehe, da begegnete ihm Elia. Und als er ihn erkannte, fiel er auf sein Antlitz und sprach: Bist du es nicht, Elia, mein Herr? Er sprach: Ja! Geh hin und sage deinem Herrn: Siehe, Elia ist da!"

Gras fand er nicht, der gute Obadja, aber er fand etwas viel Besseres: nämlich den Propheten des Herrn, die mensch-

liche Ursache für die Dürre im Land. Wenn wir treu sind und uns um Gottes Sache kümmern, werden wir manchmal auch gewürdigt, etwas Besonderes zu erleben!
Beachte den Respekt, mit dem Obadja dem Propheten des Herrn begegnet: „Bist du es nicht, Elia, mein Herr?" sagt er zu ihm und fällt sogar vor ihm nieder.
Und dann erhält Obadja einen neuen Auftrag: Er soll dem Ahab das Wiedererscheinen des Elia ankündigen. Gott nimmt eben für seine Spezialaufträge diejenigen Diener, die treu und zur Hand sind. Ob er wohl dich und mich auch so beauftragen könnte? –
Und Obadja war...

6. ...ein Mensch wie wir alle

1. Kön. 18,9–12: „**9** Obadja aber sprach: Was hab ich gesündigt, dass du deinen Knecht in die Hände Ahabs geben willst, dass er mich tötet? **10** So wahr der HERR, dein Gott, lebt: es gibt kein Volk noch Königreich, wohin mein Herr nicht gesandt hat, dich zu suchen. Und wenn sie sprachen: Er ist nicht hier, nahm er einen Eid von dem Königreich und Volk, dass man dich nicht gefunden hätte. **11** Und nun sprichst du: Geh hin, sage deinem Herrn: Siehe, Elia ist da! **12** Wenn ich nun hinginge von dir, so könnte dich der Geist des HERRN entführen, und ich wüsste nicht wohin; und wenn ich dann käme und sagte es Ahab an und er fände dich nicht, so tötete er mich. Und doch fürchtet dein Knecht den HERRN von seiner Jugend auf."

Der mutige Obadja zeigt in diesen Versen sehr menschliche Züge. Der neue Auftrag, den er erhält, kommt ihm total verrückt vor. Er stellt sogar die beinahe erheiternde Frage:

„Was ist nicht in Ordnung? Was hab' ich angestellt, dass ich jetzt so gestraft werde und *das* tun soll? Elia, weißt du denn nicht, dass Ahab überall nach dir hat suchen lassen? Und dass er Königreiche bedrohte deinetwegen? Und wer weiß, ob es nicht eine Torheit ist, was du vorhast?! Vielleicht fällt Gottes Geist dir sozusagen in den Arm und bringt dich vor Ahab in Sicherheit?! Und wenn ich dann nicht weiß, wo du bist, aber dem Ahab dein Kommen ankündige, und Ahab wartet umsonst auf dich, dann werde ich mit dem Kopf unter dem Arm nach Hause gehen! Und dabei bin ich doch von Kindesbeinen an ein gottesfürchtiger Mensch gewesen!"

Wir wollen den Obadja für diese sehr menschliche Furcht nicht tadeln. Im Gegenteil, wir verstehen ihn. Und ob wir an *seiner* Stelle all das getan hätten, was er getan hat, ist fraglich.

Aber es ist doch ein Trost: sogar ein solcher Glaubensheld wie Obadja hatte seine schwachen Stunden. Darum müssen auch wir uns nicht fertigmachen, wenn wir gelegentlich nervös werden und in Angst geraten. Gott weiß ja, wer wir sind, und dass wir vielleicht weniger aushalten, als wir selber meinen!

Obadja geht in unserem Text sogar noch einen Schritt weiter, denn er war...

7. ...einer, der an seine guten Taten erinnerte

1. Kön. 18,13+14: „**13** Ist's meinem Herrn Elia nicht angesagt, was ich getan habe, als Isebel die Propheten des HERRN tötete? Dass ich von den Propheten des HERRN hundert versteckte, hier fünfzig und da fünfzig, in Höhlen und versorgte sie mit Brot und Wasser? **14** Und nun sprichst du: Geh hin, sage deinem Herrn: Elia ist da! Dann wird er mich töten."

Na, hatte Obadja das denn nötig, jetzt so dick aufzutragen und plötzlich vorzurechnen, was er alles an Gutem für die Propheten des Herrn getan hat? Drückt sich nicht ein unguter Stolz auf seine guten Taten darin aus?

Dass ein glaubender Mensch Gott an all das erinnert, was er für das Reich Gottes getan hat, ist in der Bibel gar nicht so selten. Das berühmteste Beispiel dafür ist *Nehemia*, der im gleichnamigen Buch dreimal zu Gott spricht:

Neh. 5,19: „Gedenke, mein Gott, zu meinem Besten an alles, was ich für dies Volk getan habe!"

– so auch in **Kapitel 13,14** und **22,31**!

Aber auch ein *Hiskia* konnte sagen:

2. Kön. 20,3: „Ach, HERR, gedenke doch, dass ich vor dir in Treue und mit rechtschaffenem Herzen gewandelt bin und getan habe, was dir wohlgefällt. Und Hiskia weinte sehr."

Und *Jeremia* sprach:

Jer. 18,20: „Ist's recht, dass man Gutes mit Bösem vergilt? Denn sie haben mir eine Grube gegraben! Gedenke doch, wie ich vor dir gestanden bin, um für sie zum besten zu reden und deinen Grimm von ihnen abzuwenden!"

Dürfen wir zu Gott so sprechen, oder ist das sündhaft?

Meine Meinung dazu ist: es kommt auf die innere Haltung und Gesinnung an. Wenn du vor Gott wie der Pharisäer im Tempel nur deine religiösen Leistungen herausstreichen und damit prahlen willst, dann ist das sicherlich falsch. Wenn du dir aber bewusst bist: alles, was ich getan habe, konnte ich nur mit Gottes Kraft und Hilfe vollbringen – dann darfst du ihn auch einmal daran erinnern, um in der Not seine Barmherzigkeit herauszufordern!
Im übrigen gilt sowieso **Hebr. 6,10**:

„Denn Gott ist nicht ungerecht, dass er vergäße euer Werk und die Liebe, die ihr seinem Namen erwiesen habt, indem ihr den Heiligen dientet und noch dient."

Nein, Gott vergisst es nicht, weder bei *Obadja* noch bei *Hiskia*, weder bei *Jeremia* noch bei *dir*! Tröste dich damit, wenn dich die Undankbarkeit oder gar der Hass der Menschen treffen!
Und zuletzt wollen wir noch festhalten: Obadja war...

8. ...ein gehorsamer und gesegneter Mann

1. Kön. 18,15–17: „**15** Elia sprach: So wahr der HERR Zebaoth lebt, vor dem ich stehe: ich will mich ihm heute zeigen. **16** Da ging Obadja hin Ahab entgegen und sagte es ihm an. Und Ahab ging hin Elia entgegen. **17** Und als Ahab Elia sah, sprach Ahab zu ihm: Bist du nun da, der Israel ins Unglück stürzt?"

Elia gibt dem gebeutelten Obadja eine schlichte Zusage: „Wenn du hingehst und dem Ahab mein Kommen ankündigst, dann werde ich mich ihm heute noch zeigen. Obadja,

du musst keine Angst haben, es wird nichts Schlimmes passieren. Hab' keine Furcht vor einer eventuellen 'Entrückung' meinerseits!"
Diese Zusicherung bringt das aufgewühlte Herz des Obadja zur Ruhe. Er geht hin und führt den neuen Auftrag aus. Ob ihm dabei das Herz bis zum Halse klopfte oder ob er ruhig war, wissen wir nicht. Auf alle Fälle zeigt sich aber von neuem, dass Ahab dem Obadja blind vertraute. Er macht sich sofort auf und geht dem Elia entgegen.
Und Elia hält Wort und erscheint auf der Bildfläche. Dann beginnt jenes denkwürdige Gespräch zwischen den beiden Männern, das schließlich zum sogenannten „Gottesurteil auf dem Karmel" und zur Erneuerung des Jahweglaubens in Israel führt.
Und Obadja? Wir lesen leider nichts mehr weiter von ihm. Er ist ja nicht identisch mit dem *Propheten* Obadja, von dem wir ein „Buch" in der Bibel haben.
Ich hätte aber zu gern gewusst, wie es im Leben des Hofmeisters weiterging:
- Ob es noch weiter nötig war, die Propheten des Herrn zu versorgen?
- Wie lange Obadja das wohl noch gemacht hat?
- Ob er diese heikle Aktion noch zu einem glücklichen Ende brachte?
- Und wie lange Obadja wohl gelebt hat und wie er gestorben ist?

Aber über alle diese Dinge schweigt die Bibel. Gott allein weiß Bescheid darüber. Aber das genügt ja schließlich auch. Und ich bin überzeugt, wir werden den tapferen Palastvorsteher im Himmel wiedersehen – dann können wir ihn all das fragen, was jetzt offen geblieben ist!
Aber was Obadjas Leben zu einem bestimmten Zeitpunkt ausmachte und kennzeichnete – darüber haben wir genü-

gend Informationen. Und wenn wir von ihm lernen und uns all das Gute aneignen, das wir da sehen, werden wir ähnlich gesegnete Leute sein wie er!

Jojada

Wenn wir diese Gestalt betrachten, begeben wir uns zunächst in die düstere Zeit zwischen 841 und 835 v.Chr. Im Königreich Juda ist *Athalja*, die Mutter des von *Jehu von Israel* ermordeten Königs *Ahasja*, auf gewaltsame Weise an die Macht gekommen. Sie ließ alle Söhne ihres ermordeten Sohnes umbringen und kam auf diese Weise allein an die Macht.

Aber wie so oft in der Geschichte ließ Gott es nicht zu, dass das Böse vollständig triumphierte. Da gab es eine Frau, die einen der Königssöhne mitten aus dem Massaker heraus stahl und mitsamt seiner Amme in der Bettenkammer des Tempels versteckte. Das war *Joscheba*, eine Schwester Ahasjas und zugleich die Frau des Hohenpriesters *Jojada*. Sie wäre eine eigene Betrachtung wert, doch wollen wir uns jetzt auf ihren Mann konzentrieren.

Der Name *Jojada* kann übersetzt werden mit: „Jahwe hat gewusst", oder: „Jahwe hat sich gekümmert oder angenommen". Aus unserem Text – und den Ereignissen davor – lässt sich Folgendes über ihn entnehmen:

1. Jojada war ein Mann mit einem Geheimnis

Dieses Geheimnis teilte er mit seiner Frau und hütete es bestens. Es war das Geheimnis des versteckten jungen Königssohnes, des rechtmäßigen Nachfolgers auf dem Thron Davids (vgl. **1. Kön. 12,1–3**). Jojada und seine Frau liefern uns damit ein Musterbeispiel für Verschwiegenheit und Geduld. Denn es durfte natürlich nicht herauskommen, welches Geheimnis die Bettenkammer im Tempel barg. Und sie mussten auch warten, bis der richtige Zeitpunkt gekommen war, zu dem man den kleinen Joas zum König machen konnte. Als er sechs Jahre alt war, war dieser Zeitpunkt offenbar gekommen.

Die Hüten eines Geheimnisses wird in der Bibel als Tugend dargestellt:

Spr. 25,9+10: „9 Trage deine Sache mit deinem Nächsten aus, aber verrate nicht eines andern Geheimnis, 10 damit von dir nicht übel spricht, wer es hört, und dann das böse Gerede über dich nicht aufhört."
Spr. 20,19: „Wer Geheimnisse verrät, ist ein Verleumder, und mit dem, der den Mund nicht halten kann, lass dich nicht ein."

Kannst *du* schweigen, wenn dir jemand ein Geheimnis anvertraut?

Ähnlich ist es mit der Geduld:

Spr. 14,29: „Wer geduldig ist, der ist weise; wer aber ungeduldig ist, offenbart seine Torheit."
Spr. 16,32: „Ein Geduldiger ist besser als ein Starker und wer sich selbst beherrscht, besser als einer, der Städte gewinnt."

Kannst du *auswarten,* bis Gottes Zeitpunkt für die von dir geplanten Unternehmungen gekommen ist?

Wohl uns, wenn diese Tugenden auch unser Leben kennzeichnen! – Und es folgt:

2. Jojada erlebte einen aufregenden Samstag

2. Kön. 11,4+5: „4 Im siebenten Jahr aber sandte Jojada hin und nahm die Hauptleute über hundert von der Garde und der Leibwache und ließ sie zu sich ins Haus des HERRN kommen und schloss einen Bund mit ihnen und nahm einen Eid von ihnen im Hause des HERRN und zeigte ihnen den Sohn des Königs **5** und gebot ihnen: Das ist's, was ihr tun sollt: Ein Drittel von euch, die ihr am Sabbat antretet, soll Wache halten im Haus des Königs, ...".

Als er sah, dass der richtige Zeitpunkt gekommen war, zögerte er nicht, das „Räderwerk des Putsches" in Gang zu setzen. Dazu sicherte er sich zuerst die Unterstützung des Militärs: die Bibel berichtet, dass er die „Hauptleute über hundert von der Garde und von der Leibwache" zu sich rief. Wörtlich steht hier: er rief die Obersten der „Karer" oder „Karier" (Läufer) zu sich, und die der „Leibwächter" (wahrscheinlich ausländische Söldner). Mit ihnen tat er vier Dinge:

- *Er schloss einen Bund mit ihnen.* – Wer ein Vorhaben in Szene setzen will, für das er selber zu schwach ist, muss sich die richtigen Verbündeten sichern.
- *Er nahm einen Eid von ihnen.* Wahrscheinlich sogar einen „Eid bei Gott". Das war seine „Sicherheit", mit der er die Soldaten an sich band. – Wer Verbündete gewonnen hat, lasse sie durch eine höhere Instanz in die Pflicht nehmen. Dies muss nicht durch einen Eid geschehen (der Eid ist uns nach **Matth. 5,34** und **Jak. 5,12** verboten) – ein Gelübde oder Gelöbnis kann denselben Zweck erfüllen.
- *Er zeigte ihnen den Sohn des Königs.* Damit trat er den Beweis an, dass es tatsächlich noch einen rechtmäßigen

Nachfolger auf dem Thron Davids gab. – Es ist immer gut, wenn wir unsere Behauptungen mit handfesten Beweisen untermauern können.
- *Er erwies sich als Führer und präsentierte einen Plan.* – Wer führen will, muss auch mit Autorität befehlen können und klare Vorstellungen haben, *wie* etwas geschehen soll.

2. Kön. 11,5–8: „**5** und gebot ihnen: Das ist's, was ihr tun sollt: Ein Drittel von euch, die ihr am Sabbat antretet, soll Wache halten im Haus des Königs, **6** und ein Drittel soll Wache halten am Tor Sur und ein Drittel am Tor hinter dem Haus der Leibwache; so sollt ihr Wache halten rings um das Haus. **7** Aber zwei Abteilungen von euch, die am Sabbat abtreten, sollen Wache halten im Hause des HERRN um den König her, **8** und ihr sollt euch rings um den König stellen, jeder mit seiner Waffe in der Hand, und wer hereinkommt zwischen die Reihen, der soll sterben. Und ihr sollt um den König sein, wenn er aus- und eingeht."

Wir sehen, dass Jojada alles tat, um ein Gelingen seines Planes zu gewährleisten. Die Soldaten der Garde und der Leibwache taten natürlich nicht alle auf einmal Dienst, sondern jeweils abteilungsweise. Sie wechselten offenbar wöchentlich, ähnlich wie die Priester und Leviten mit ihren Dienstabteilungen.
Ein Drittel wurde abgeordnet als Wache im Haus des Königs. Ein weiteres Drittel sollte am sogenannten Tor Sur Wache halten, durch das man gewöhnlich den Palast verließ, um zum Tempel zu kommen. Und ein Drittel am Tor hinter dem Haus der Leibwache, das offenbar strategisch besonders wichtig war. Zwei am Sabbat abtretende Abteilungen hingegen sollten in den Tempel kommen und als

neue Leibwache des Königs fungieren. Diese „bodyguards" sollten das Leben des Königs mit allen Mitteln schützen und immer um ihn sein.
Das war klar und einfach und äußerst wirkungsvoll. Jojada überließ nichts dem Zufall. Er hatte alles gründlich durchdacht.
Auch wenn unsere Pläne keine Verschwörungspläne sein mögen, so lässt sich doch als allgemeiner Grundsatz aus Jojadas Handeln ableiten, dass es immer gut ist, die Dinge klar zu durchdenken und zu strukturieren. Nur dann können wir erwarten, dass Menschen uns auch folgen, und Pläne uns gelingen.

2. Kön. 11,9–11: „9 Und die Hauptleute über hundert taten alles, was ihnen der Priester Jojada geboten hatte, und nahmen zu sich ihre Männer, die am Sabbat antraten, mit denen, die am Sabbat abtraten, und kamen zu dem Priester Jojada. 10 Und der Priester gab den Hauptleuten die Spieße und Schilde, die dem König David gehört hatten und in dem Hause des HERRN waren. 11 Und die Leibwache stand, jeder mit seiner Waffe in der Hand, von der Seite des Tempels im Süden bis zur Seite im Norden, vor dem Altar und dem Tempel, rings um den König herum."

Jojada erteilte nicht nur einen Befehl und entwickelte einen schlauen Plan, sondern er rüstete seine Leute auch mit den entsprechenden Mitteln aus, die nötig waren, um den Plan wirkungsvoll umzusetzen. In diesem Fall waren das Waffen, die einst dem König David gehört hatten. Der Einsatz dieser Waffen hat offenbar auch stark symbolischen Charakter.

Danach standen die Leute auf ihrem Posten. Alles verlief nach Plan:
2. Kön. 11,12: „Und Jojada ließ den Sohn des Königs hervortreten und setzte ihm die Krone auf und gab ihm die Ordnung, machte ihn zum König und salbte ihn, und sie klatschten in die Hände und riefen: Es lebe der König!"

Nun sehen wir, dass Jojada den kleinen Joas zum König machte: er ließ ihn hervortreten, krönte ihn, gab ihm das Königsgesetz aus **5. Mose 17** in die Hand und salbte ihn, wie es sich gebührte. Danach gab es Beifall und Hochrufe für den jungen Monarchen.

2. Kön. 11,13–16: „**13** Und als Atalja das Geschrei des Volks hörte, das herzulief, kam sie zum Volk in das Haus des HERRN **14** und sah, und siehe, da stand der König an der Säule, wie es Brauch war, und die Hauptleute und die Trompeter bei dem König. Und alles Volk des Landes war fröhlich und blies die Trompeten. Atalja aber zerriss ihre Kleider und rief: Aufruhr, Aufruhr! **15** Aber der Priester Jojada gebot den Hauptleuten über hundert, die über das Heer gesetzt waren, und sprach zu ihnen: Führt sie zwischen den Reihen hinaus, und wer ihr folgt, der sterbe durchs Schwert! Denn der Priester hatte gesagt, sie sollte nicht im Hause des HERRN getötet werden. **16** Und sie legten die Hände an Atalja, und sie ging hin den Weg, wo die Rosse zum Hause des Königs gehen, und wurde dort getötet."

Die gottlose Athalja hat nur das Nachsehen: als sie zum Tempel kommt, ist schon alles gelaufen. Auch ihre Entrüstung nützt nichts mehr.
Jojada aber übt aufs Neue seine Führertätigkeit aus: Er gebietet den Hauptleuten, Athalja „zwischen den Reihen"

hinauszuführen. Auf diesem Wege will er feststellen lassen, wer ihr folgt. Wer auf diese Weise seine Anhängerschaft für Athalja bekundete, sollte sterben. Wichtig war ihm aber, dass Athalja nicht im Hause des Herrn getötet werden sollte. Das Haus des Herrn sollte nicht mit dem Blut einer Gottlosen besudelt werden.

Es ist gut, wenn auch wir darauf achten, dass das Haus des Herrn (die Gemeinde) nicht mit Unreinem befleckt wird – in welcher Form auch immer. Nur die Gewalt ist kein Weg für uns.

Athalja aber wurde getötet, und dies war eine gerechte Strafe für all das Unrecht, das sie begangen hatte.

2. Kön. 11,17+18: „**17** Und Jojada schloss einen Bund zwischen dem HERRN und dem König samt dem Volk, dass sie des HERRN Volk sein sollten; desgleichen auch zwischen dem König und dem Volk. **18** Da ging alles Volk des Landes in das Haus Baals und brach seine Altäre ab, und sie zerschlugen alle seine Götzenbilder und töteten Mattan, den Priester Baals, vor den Altären. Der Priester Jojada aber bestellte die Wachen am Hause des HERRN."

Ähnlich wie vorher mit den Soldaten lässt er jetzt wieder einen Bund schließen, oder genauer gesagt sogar zwei:
- einen zwischen dem Herrn, dem König und dem Volk, dass sie des Herrn Volk sein und ihm allein dienen wollten, und
- einen zwischen dem König und dem Volk, um dem König die Gefolgschaft sicherzustellen.

All das wird getan, und es hat Folgen. Die Konsequenz des Bundes besteht darin, dass das Volk die Götzenaltäre abbricht und den Priester Baals tötet.

So hat Jojada also weise gehandelt, um das Volk für den Herrn zurückzugewinnen. Wo aber die Götzenaltäre beseitigt werden, bricht die Erweckung aus, und der Segen des Herrn lässt nicht lange auf sich warten!

2. Kön. 11,18–20: „**18** Da ging alles Volk des Landes in das Haus Baals und brach seine Altäre ab, und sie zerschlugen alle seine Götzenbilder und töteten Mattan, den Priester Baals, vor den Altären. Der Priester Jojada aber bestellte die Wachen am Hause des HERRN **19** und nahm die Hauptleute über hundert und die Garde und die Leibwache und alles Volk des Landes, und sie führten den König hinab vom Hause des HERRN und kamen durchs Tor der Leibwache zum Hause des Königs. Und er setzte sich auf den königlichen Thron. **20** Und alles Volk des Landes war fröhlich, aber die Stadt blieb still. Atalja aber töteten sie mit dem Schwert bei des Königs Hause."

Ein König ist erst dann endgültig zum König geworden, wenn er den ihm zustehenden Platz auf dem Thron eingenommen hat. Deswegen lässt Jojada den frischgesalbten König zum Hause des Königs führen und dort auf dem königlichen Thron Platz nehmen. Abschließend wird berichtet, dass das Volk des Landes fröhlich war, weil die gottlose Athalja endlich beseitigt war. Aber die Stadt blieb still, wie in atemloser Spannung verharrend – sei es, weil die Lage trotz allem noch angespannt war, oder weil eine wenn auch gottlose Herrscherin zu Tode gekommen war.

So hat Jojada gehandelt, um Joas zum König zu machen. Und zweifellos war jener Samstag der aufregendste Tag seines Lebens. Jojada wird damit zu einem bedeutenderen Mann innerhalb der Bibel, auch wenn von ihm normalerweise nicht viel die Rede ist.

Und es ist noch längst nicht alles, was von ihm zu berichten ist. So sehen wir als nächstes:

3. Jojada übte eine bewahrende Funktion aus

2. Kön. 12,3+4: „Und Joasch tat, was recht war und dem HERRN wohlgefiel, solange ihn der Priester Jojada lehrte, 4 nur, dass die Höhen nicht entfernt wurden; denn das Volk opferte und räucherte noch auf den Höhen."

Wenn wir die Könige Judas betrachten, dann können wir drei Dinge feststellen:
- Es gab Könige, die taten, was dem Herrn gefiel, wie z.B. Hiskia oder Josia.
- Es gab Könige, die taten, was dem Herrn gefiel, solange oder bis... wie z.B. unser Joas.
- Und es gab Könige, die taten, was dem Herrn missfiel, wie z.B. Ahas oder Manasse.

Diese Dreiteilung liefert auch für gewöhnliche Leute wie uns ein wichtiges Beispiel und Muster. Wie sieht dein Leben aus? Ist es ein gottloses Leben? Ist es ein Leben, in dem geschieht, was Gott gefällt? Oder tust auch du nur solange recht, wie dir ein gottesfürchtiges Vorbild und ein Lehrer an die Seite gestellt ist?

Bei Joas war das leider so. Jojada war sozusagen die „ordnende Klammer" seiner Existenz. Solange Jojada da war, war alles gut. Solange Joas in der Lehre des Jojada blieb, lief er in guten Bahnen. Zwar gab es trotz des Abbruchs der Baalsaltäre noch götzendienerische Opferhöhen im Land, die weder er noch Jojada zum Verschwinden brachten. Aber wenigstens wandelte er selbst in den Wegen des Herrn, solange Jojada um ihn war.

Gottesfürchtige Vorbilder und Lehrer sind ein großer Segen. Ein Elisa, der einen Elia bei sich hat, kann sich glücklich schätzen. Gemeindeglieder, die vorbildliche Älteste und Lehrer haben, sollten sehr dankbar sein. Viele von uns, wenn nicht alle, brauchen so etwas, um in und auf den Wegen Gottes zu bleiben. Die Bibel sagt daher nicht umsonst:

1. Thess. 5,12+13: „**12** Wir bitten euch aber, liebe Brüder, erkennt an, die an euch arbeiten und euch vorstehen in dem Herrn und euch ermahnen; **13** habt sie um so lieber um ihres Werkes willen. Haltet Frieden untereinander."
1. Tim. 5,17: „Die Ältesten, die der Gemeinde gut vorstehen, die halte man zwiefacher Ehre wert, besonders, die sich mühen im Wort und in der Lehre."
Hebr. 13,17: „Gehorcht euren Lehrern und folgt ihnen, denn sie wachen über eure Seelen – und dafür müssen sie Rechenschaft geben –, damit sie das mit Freuden tun „und nicht mit Seufzen; denn das wäre nicht gut für euch."

Jojada kümmerte sich auch in anderer Hinsicht um das Wohlergehen des Joas:

2. Chr. 24,3: „Und Jojada nahm zwei Frauen für Joasch, und er zeugte Söhne und Töchter."

Es ist immer ein wenig schwierig – diese Frau*en* für den König. Man könnte die Frage stellen: Wusste Jojada nicht, dass von Gott her für den Menschen nur die Monogamie vorgesehen ist? Ja, sicher wusste er das. Er wusste aber auch, dass die Herrscher des Orients sich viele Frauen zu nehmen pflegten, und dass die Größe ihres Harems als Ausweis ihrer Bedeutsamkeit und ihres Reichtums galt. Gott hatte ja darum auch die Unsitte und die unseligen Folgen der Polygamie im sogenannten „Königsgesetz" in **5. Mose 17** bereits einzudämmen versucht:

5. Mose 17,17: „Er soll auch nicht viele Frauen nehmen, dass sein Herz nicht abgewandt werde, und soll auch nicht viel Silber und Gold sammeln."

Im Lichte dieses Gesetzes nimmt sich Jojadas Aktion geradezu bescheiden aus. Nur *eine* Frau mehr als gewöhnlich erlaubt sucht er für seinen König, und erfüllt damit das Königsgesetz in diesem Punkt auf feine Weise.

Wir können auch davon ausgehen, dass Jojada sich genau angesehen hat, wen er da jeweils als Ehefrau an den Hof des Joas holte. Zwar lesen wir von diesen Frauen nichts weiter, außer, dass sie Joas Söhne und Töchter gebaren. Und bei den späteren gottlosen Taten des Königs scheinen sie, sofern sie noch lebten, auf ihn keinen besonderen Einfluss ausgeübt zu haben, weder zum Guten noch zum Bösen. Aber es war doch mit Sicherheit so, dass es keine gottlosen Frauen waren, die Jojada auswählte. Er wird darauf geachtet haben, dem König zwei gottesfürchtige Töchter aus gutem Hause zuzuführen.

Vielleicht wäre es manchmal auch heute noch weise, wenn der eine oder andere junge Gläubige sich bei der Wahl des Ehepartners von den Ältesten seiner Gemeinde oder gar seinen Eltern wenigstens *beraten* ließe. Vielleicht ließe sich damit so manche krasse Fehlentscheidung und spätere Ehescheidung vermeiden!

Spr. 1,5: „Wer weise ist, der höre zu und wachse an Weisheit, und wer verständig ist, der lasse sich raten,"
Spr. 13,10: „Unter den Übermütigen ist immer Streit; aber Weisheit ist bei denen, die sich raten lassen."

Sich beraten lassen, das ist kein Ausdruck von Dummheit oder Unselbständigkeit! – Soviel zunächst einmal zum Verhältnis des Jojada zu dem jungen König Joas. Wir können aber noch mehr über ihn sagen:

4. Jojada erlebte Rückgang und Erneuerung

2. Kön. 12,5–13: „**5** Und Joasch sprach zu den Priestern: Alles für das Heiligtum bestimmte Geld, das in das Haus des HERRN gebracht wird – Geld, wie es gang und gäbe ist –, nämlich das Geld, das jedermann gibt, wie er geschätzt wird, und alles Geld, das jedermann aus freiem Herzen opfert, dass er's in das Haus des HERRN bringe, **6** das sollen die Priester zu sich nehmen, jeder von seinem Bekannten. Davon sollen sie ausbessern, was baufällig ist am Hause, wo sie finden, dass es baufällig ist. **7** Als aber die Priester bis ins dreiundzwanzigste Jahr des Königs Joasch nicht ausgebessert hatten, was baufällig war am Hause, **8** rief der König Joasch den Priester Jojada samt den Priestern und sprach zu ihnen: Warum bessert ihr nicht aus, was baufällig ist am Hause? Darum sollt ihr nun nicht mehr das Geld an euch nehmen, jeder von seinen Bekannten, sondern sollt's geben zur Ausbesserung für das, was baufällig ist am Hause. **9** Und die Priester willigten ein, dass sie vom Volk kein Geld mehr nehmen sollten, aber auch das Baufällige am Hause nicht mehr auszubessern brauchten. **10** Da nahm der Priester Jojada eine Lade und bohrte oben ein Loch hinein und stellte sie auf zur rechten Hand neben dem Altar, wo man in das Haus des HERRN geht. Und die Priester, die an der Schwelle wachten, taten alles Geld hinein, das zu dem Hause des HERRN gebracht wurde. **11** Wenn sie dann sahen, dass viel Geld in der Lade war, kam der Schreiber des Königs mit dem Hohenpriester herauf, und sie zählten das Geld, das sich in dem Hause des HERRN vorfand, und banden es zusammen. **12** Und man übergab das Geld abgezählt den Werkmeistern, die bestellt waren für das Haus des HERRN, und sie gaben es aus an die Zimmerleute und Bauleute, die am Hause des HERRN arbeiteten, 13 nämlich an die Maurer und Steinmetzen und an die, die Holz und gehauene Steine kaufen sollten, dass das Baufällige am Hause des HERRN ausgebessert werde, und für alles, was not war, um am Hause auszubessern."

Geld ist immer eine Versuchung, auch und vor allem das „religiöse Geld" – die Spenden, die gegeben werden für das „Werk des Herrn". In unserer Geschichte bestimmt der junge König Joas, der noch ganz unter dem Einfluss des Jojada steht, dass die Einkünfte aus der Tempelsteuer und den freiwilligen Gaben genommen werden sollen, um das baufällig gewordene Haus Gottes auszubessern. Dringend notwendig gewordene Renovierungsarbeiten warteten auf ihre Ausführung.

Und es mutet schon ein wenig seltsam an, dass dem König 23 Jahre lang (!) nicht auffiel, dass in dieser Hinsicht – nichts geschah. Der Tempel blieb so baufällig, wie er war. Und dies, obwohl die Leute Jahr für Jahr ihre Abgaben brachten. Wo war nur das ganze Geld hingekommen? Vielleicht wurden die ausbleibenden Renovierungsarbeiten damit begründet, dass die laufenden Kosten einfach keine Sonderausgaben für Reparaturen zuließen. Vielleicht wurde aber auch behauptet, es sei nicht viel hereingekommen. Und offenbar konnte der König Joas auf diesem Weg lange Zeit erfolgreich getäuscht werden. Tatsache aber war, dass all die schönen Einnahmen, vor allem, wenn sie von Bekannten oder Verwandten der Priester kamen, in deren eigene Taschen wanderten. Sie bereicherten sich selbst, statt sich um Gottes Haus zu kümmern und das zu tun, was ihnen der König befohlen hatte!

Und das ist eigentlich – furchtbar peinlich. Und es wirft ein sehr schlechtes Licht auf die „israelitischen Religionsbeamten" der damaligen Zeit. Aber ein bezeichnendes Licht auf das menschliche Herz. Denn die Priester der damaligen Zeit sind darin nicht einzigartig. Bis in unsere Zeit hinein erliegen gläubige Menschen – Pfarrer, Prediger und Missionare – immer wieder der Versuchung des Geldes. Die Habgier ist nicht typisch jüdisch – sie ist allgemein-menschlich. Alle sind davon betroffen. Auch wiedergeborene Christen. Bei ihnen ist es nur umso peinlicher, weil man erwartet, dass es hier redlich zugeht und dass andere Werte an oberster Stelle stehen. Doch leider ist es nicht immer so.
Und wir sehen, dass offenbar auch der tapfere Jojada nicht ganz frei von diesem Problem war. Auch er musste von seinem König getadelt werden. Nach jenen Minuten der Schande aber sehen wir, dass Jojada zu seiner alten Entschlossenheit zurückfindet. Er lässt jetzt eine Art „öffentlicher Sparbüchse" einrichten, deren Inhalt von einer Kontrollinstanz überwacht wird. Und er sorgt von da ab dafür, dass die eingehenden Gelder nun wirklich für das verwendet werden, wofür man sie schon längst hätte einsetzen sollen.
Und Jojada tat noch mehr:

2. Chr. 24,14: „Und als sie es vollendet hatten, brachten sie das übrige Geld vor den König und Jojada. Davon machte man Geräte für das Haus des HERRN, Geräte für den Dienst und für die Brandopfer, Löffel und goldene und silberne Geräte. Und sie opferten Brandopfer im Hause des HERRN allezeit, solange Jojada lebte."

Ganz neu nahm Jojada den Dienst für Gott ernst. Nach einer langen Zeit der Lauheit kehrte er zurück zu den Taten der frühen Tage.

Lieber Leser – prüfe dein Herz. Ist es bestimmt und regiert von Habsucht und Geldgier? Gibt es auch in deinem Leben unredliche Transaktionen? Und ist dein Geldbeutel in den letzten Jahren zwar dicker geworden – aber dein geistliches Leben dafür dünner und dünner? Lerne auch in dieser Hinsicht von Jojada, und wo nötig – kehre um!
Und weil Jojada so gehandelt hat, ist auch das Folgende nicht weiter verwunderlich:

5. Jojadas Leben fand einen ehrenvollen Abschluss

2. Chr. 24,15+16: „**15** Und Jojada ward alt und lebenssatt und starb und war hundertunddreißig Jahre alt, als er starb. **16** Und sie begruben ihn in der Stadt Davids bei den Königen, weil er an Israel und an Gott und seinem Hause wohlgetan hatte."

Wenn man das Alter noch einigermaßen gesund erleben und genießen darf, ist das Altwerden schön. Und wenn man ein erfülltes Leben hatte, stellt sich vielleicht auch das ein, was die Bibel als „Lebenssattheit" bezeichnet. Es ist genug. Es hat gereicht. Man hat genug gesehen und gehört, genossen und gelitten.
Mir kommen dabei jene denkwürdigen Sätze des „Schwabenvaters" *Johann Albrecht Bengel* in den Sinn, die er gegen Ende seines Lebens niederschrieb: „Ich habe nicht viel Ursache, ein längeres Leben zu erwarten. Neues, Sonderliches kann ich nicht mehr erleben. Und in der Heiligung achte ich auch nicht, dass ich es noch weit höher bringen werde. Es ist mir vielmehr gut, wenn ich einmal los von mir selbst werde." Er war eine „zeitige Frucht der Erde" geworden.

Jojada übertraf das dem Menschen gesetzte Zeitmaß von 120 Jahren sogar um zehn Jahre. Sicherlich dürfen wir das als Ausdruck des Segens Gottes über sein Leben werten. Und sein Begräbnis war mehr als ehrenvoll: Bei den *Königen* durfte er seine letzte Ruhestätte haben, denn er war anerkanntermaßen ein Mann, der „an Israel und Gott und seinem Haus Gutes getan hatte." Trotz einer Zeit der Lauheit in seinem Leben überwiegt am Ende doch das Positive, was von ihm zu sagen ist. Der Schwerpunkt seines Lebens fiel auf das Gute, nicht auf den zeitweiligen, geistlichen Rückgang. Wenn es doch bei dir und mir genauso liefe, nur ohne Jojadas Rückschritt!

Allerdings ist noch etwas zu sagen. Und das hängt auch mit Jojada zusammen, auch wenn er es Gott sei Dank nicht mehr erleben musste.

6. Jojadas König blieb ihm nicht dankbar

2. Chr. 24,17–25: „Und nach dem Tode Jojadas kamen die Oberen Judas und huldigten dem König; da hörte der König auf sie. **18** Und sie verließen das Haus des HERRN, des Gottes ihrer Väter, und dienten den Bildern der Aschera und den Götzen. Da kam der Zorn über Juda und Jerusalem um dieser ihrer Schuld willen. **19** Der HERR aber sandte Propheten zu ihnen, dass sie sich zum HERRN bekehren sollten, und sie ermahnten sie, aber sie nahmen's nicht zu Ohren. **20** Und der Geist Gottes ergriff Secharja, den Sohn des Priesters Jojada. Der trat vor das Volk und sprach zu ihnen: So spricht Gott: Warum übertretet ihr die Gebote des HERRN, so dass ihr kein Gelingen habt? Denn ihr habt den HERRN verlassen, darum wird er euch auch verlassen. **21** Aber sie machten eine Verschwörung gegen ihn und steinigten ihn auf Befehl des Königs im Vorhof am Hause des HERRN. **22** Und der König Joasch gedachte nicht an die Barmherzigkeit, die Jojada, der Vater Secharjas, an ihm getan hatte, sondern tötete seinen Sohn. Der aber sprach, als er starb: Der HERR wird es sehen und strafen. **23** Und als das Jahr um war, zog herauf das Heer der Aramäer, und sie kamen nach Juda und Jerusalem und brachten alle Oberen im Volk um, und all ihren Raub sandten sie dem König von Damaskus. **24** Denn obwohl das Heer der Aramäer mit wenigen Männern kam, gab der HERR ein sehr großes Heer in ihre Hand, weil Juda den HERRN, den Gott ihrer Väter, verlassen hatte. Damit vollzogen sie an Joasch die Strafe. **25** Und als sie von ihm zogen, ließen sie ihn in großer Krankheit zurück. Es machten aber seine Großen eine Verschwörung gegen ihn um der Blutschuld willen an dem Sohn des Priesters Jojada und töteten ihn auf seinem Bett, und er starb. Und man begrub ihn in der Stadt Davids, aber nicht in den Gräbern der Könige."

Das ist – im Gegensatz zu dem schönen Ende des Priesters Jojada – das traurige Ende des Königs Joas. Nach dem Tode des treuen Hohepriesters kam ein anderer Einfluss auf den bis dahin gottesfürchtigen Herrscher. Hinter der Huldigung und den Schmeichelworten, die er zu hören bekam, stand schon der Götzendienst. Alle kamen sie durch ihn zu Fall, einschließlich des Königs. Da nützten auch Propheten nichts mehr, die Gott ihnen zur Warnung sandte. Sie hörten nicht auf sie.

Doch noch einmal leuchtet ein Licht aus vergangener Zeit herüber: der Geist Jojadas, verkörpert in der Gestalt seines Sohnes Secharja, tritt vor den König und seine Oberen mit prophetischer Vollmacht und straft ihre bösen Wege. Und was man nicht für möglich gehalten hätte, geschieht:

Der gleiche Mann, der dem Vater des Secharja Leben und Königswürde verdankt, gibt den Befehl, dessen Sohn umbringen zu lassen. Undankbarkeit und Untreue sind eine fürchterliche Angelegenheit.

Gesegnet war diese Aktion allerdings nicht, wie auch vorher der Götzendienst schon nicht. Als das Jahr um ist, erweckt Gott dem Joas einen schrecklichen Feind, der ein schlimmes Gericht über Juda ausübt. Die Oberen sterben, das Land wird ausgeplündert, der König erkrankt schwer, und schließlich bringen ihn seine eigenen Leute um. Sein Begräbnisort ist unehrenhaft. So suchte Gott das Unrecht heim, das Joas begangen hatte.

Schön aber ist es, dass Jojadas Sohn in den Fußstapfen seines Vaters wandelte. Sein Sohn war die Frucht eines insgesamt doch gottgefälligen Lebens, und auch die seiner frommen Mutter. Und gut ist es, dass sein Vater den jämmerlichen Verrat nicht mehr miterleben musste, den Joas an seinem Hause und damit letztlich auch an ihm noch verübte. Das Maß unserer Leiden erfüllt sich innerhalb unserer Lebenszeit; was danach geschieht, berührt uns nicht mehr.

Jojada – ein Mann Gottes mitten in kummervoller Zeit. Er „diente zu seiner Zeit dem Willen Gottes" – so wie es nun an uns ist, denselben Zweck zu erfüllen.

Jotam

Zwar ist ein judäischer König sicher keine bloße Randfigur, aber es gibt Könige von Juda, die unbekannter sind als andere. Ein *Hiskia* und ein *Josia* dürften vielen Bibellesern bekannt sein, aber wer erinnert sich auf Anhieb an *Jotam*? Werfen wir einen Blick auf sein Leben. Es war:

1. Ein Leben im Schatten einer großen Tragik

Der Name Jotam bedeutet übersetzt: »Jahwe ist vollkommen« oder »Jahwe hat sich redlich, rechtschaffen gezeigt«. Seine Mutter war Jeruscha, die Tochter eines Mannes namens Zadok. Sein Vater war der zunächst gottesfürchtige König Usia oder Asarja, der 52 Jahre lang zu Jerusalem regierte. Wir bewegen uns im achten Jahrhundert vor Christus.
Wenn man Jotams Herkunft betrachtet, ist man zunächst geneigt, an eine fromme Idylle zu glauben. Ein Königssohn mit einem frommen Vater und wahrscheinlich einer ebensolchen Mutter – da kann ja nichts schiefgehen. Er hatte beste Voraussetzungen, um ein ebenso frommer König zu werden. Und das wurde er auch.
Doch der kleine Jotam musste schon früh miterleben, wie ein schwerer Schatten auf seine Familie fiel. Sein Vater Usia blieb nicht auf dem guten Wege, den er lange Jahre seines Lebens verfolgt hatte. Die Bibel berichtet:

2. Chr. 26,16–21: „**16** Und als er mächtig geworden war, überhob sich sein Herz zu seinem Verderben; denn er verging sich gegen den HERRN, seinen Gott, und ging in das Haus des HERRN, um auf dem Räucheraltar zu räuchern.

17 Aber der Priester Asarja ging ihm nach und achtzig Priester des HERRN mit ihm, zuverlässige Leute, **18** und sie traten Usija, dem König, entgegen und sprachen zu ihm: Es gebührt nicht dir, Usija, dem HERRN zu räuchern, sondern den Priestern, den Söhnen Aaron, die geweiht sind zu räuchern. Geh hinaus aus dem Heiligtum; denn du vergehst dich, und es wird dir keine Ehre bringen vor Gott, dem HERRN. **19** Da wurde Usija zornig, als er bereits ein Räuchergefäß in der Hand hatte, um zu räuchern; und wie er so über die Priester zornig wurde, brach der Aussatz aus an seiner Stirn vor den Augen der Priester im Hause des HERRN am Räucheraltar. **20** Und der Hohepriester Asarja wandte das Angesicht ihm zu und alle Priester, und siehe, da war der König aussätzig an seiner Stirn. Und sie stießen ihn fort, und er eilte auch selbst hinauszugehen; denn seine Plage war vom HERRN. **21** So war der König Usija aussätzig bis an seinen Tod und wohnte als Aussätziger in einem besonderen Hause; denn er war verstoßen vom Hause des HERRN. Jotam aber, sein Sohn, stand dem Hause des Königs vor und richtete das Volk des Landes."

Das war die schreckliche Wirklichkeit im Leben des gefallenen Königs Usia. Und wie werden sein Sohn und die ganze Familie darunter gelitten haben! Den körperlichen Verfall des Vaters mit ansehen müssen, dazu die seelischen Leiden, die er durchmachte – das alles wird tiefe Einschnitte in der Seele des jungen Jotam hinterlassen haben.

Die harte Realität des Gerichtes Gottes machte es notwendig, dass der junge Jotam die Amtsgeschäfte seines Vaters führte. Schon früh kam er also in die Verantwortung. Und als er nach dem Tode seines Vaters selber den Thron bestieg und noch sechzehn Jahre lang König war, war er es faktisch schon länger gewesen.

Die Bibel berichtet:

2. Chr. 26,23: „Und Usija legte sich zu seinen Vätern, und sie begruben ihn bei seinen Vätern auf dem Felde neben der Grabstätte der Könige; denn sie sprachen: Er ist aussätzig. Und sein Sohn Jotam wurde König an seiner Statt."

Dies war die letzte, ernste Lektion, die Jotam bei seinem Amtsantritt noch eingeprägt bekam: das nur wenig ehrenvolle Begräbnis seines Vaters. Zwar kam Usia *in die Nähe* der Grabstätte der Könige von Juda – aber er kam nicht hinein. Ein Aussätziger passte dort nicht hin. Dies war der letzte Schmerz, den er aufgrund seiner Krankheit der königlichen Familie zufügte – und im letzten Grunde auch noch sich selbst. –
Und Jotams Leben war als nächstes

2. Ein Leben in Rechtschaffenheit

2. Chr. 27,2: „Und er tat, was dem HERRN wohlgefiel, ganz wie sein Vater Usija getan hatte, nur drang er nicht in den Tempel des HERRN ein. ..."

Jotam ist bemerkenswert in dem, was er tat, und in dem, was er nicht tat.
Es tut uns Bibellesern wohl, wenn wir verzeichnet finden: „Und er tat, was dem Herrn wohlgefiel." Wir sind erfreut und erleichtert. Endlich wieder eine lichtvolle Gestalt! Jotam hat begriffen, worauf es ankommt. Er entschied sich, sein Leben im Segen Gottes zu verbringen. Er stellte sich unter Gott und sein Wort.

Und er drang nicht in den Tempel des Herrn ein. Davon ließ er die Finger. So vermessen wie sein Vater wollte er nicht sein. Er hatte ja auch gesehen, wohin diese Vermessenheit geführt hatte. Da war die Gottesfurcht in sein Leben eingezogen. Am negativen Beispiel seines eigenen Vaters war ihm drastisch vor Augen geführt worden, was es bedeutet, wenn ein Mensch die Wege Gottes verlässt.
Darum zog der junge König aus alledem offensichtlich die richtige Schlussfolgerung. Sie lautete: So nicht! So will ich nicht leben, und so will ich nicht enden. Was er gesehen hatte, war ihm Warnung genug.
Spurgeon hat einmal gesagt: „Es gibt niemanden, der zu nichts nütze ist. Selbst der Schlechteste von uns kann noch als abschreckendes Beispiel dienen." Dieser leicht sarkastische Ausspruch, der uns wohl ein säuerliches Lächeln entlockt, hat doch etwas für sich. Wir können selbst von den schlechten menschlichen Beispielen in unserer unmittelbaren Umgebung etwas lernen, wenn wir uns nur vornehmen, es *so* nicht machen zu wollen. Und Studienobjekte für die Folgen der Gottlosigkeit gibt es um uns herum ja heute leider genug. –
Darum: Wenn auch *du* vielleicht lange Jahre das Leben und das Ende gottloser Menschen um dich herum gesehen und beobachtet hast, womöglich in deinem engsten Familienkreis, dann mache es doch genauso wie Jotam – verweigere dich solchem Schicksal! –
Doch was wird uns nun von der Herrschaft des Jotam berichtet? Lassen wir die Bibel wieder selber sprechen:

2. Kön. 15,32: „Im zweiten Jahr Pekachs, des Sohnes Remaljas, des Königs von Israel, wurde Jotam König, der Sohn Usijas, des Königs von Juda."

Jotam war ein Zeitgenosse des gottlosen israelischen Königs *Pekach*, der zwanzig Jahre lang regierte. Auch an ihm konnte er wieder das negative Beispiel eines gottlosen Herrscherlebens studieren.

Jes. 1,1: „Dies ist die Offenbarung, die Jesaja, der Sohn des Amoz, geschaut hat über Juda und Jerusalem zur Zeit des Usija, Jotam, Ahas und Hiskia, der Könige von Juda."
Hos. 1,1: „Dies ist das Wort des HERRN, das geschehen ist zu Hosea, dem Sohn Beeris, zur Zeit des Usija, Jotam, Ahas und Hiskia, der Könige von Juda, und zur Zeit Jerobeams, des Sohnes des Joasch, des Königs von Israel."
Mi. 1,1: „Dies ist das Wort des HERRN, welches geschah zu Micha aus Moreschet zur Zeit des Jotam, Ahas und Hiskia, der Könige von Juda, das er geschaut hat über Samaria und Jerusalem."

Zu seinen Lebzeiten wirkten auch drei Propheten, deren Schriften wir heute noch in der Bibel haben: *Jesaja, Hosea* und *Micha*. Es ist schwer zu sagen, ob er sie kannte und welchen Einfluss sie aus ihn ausübten. Aber sicher hatte er von ihnen gehört. Und vielleicht bestärkten ihn ihre Äußerungen, auf dem guten Weg zu bleiben.

Petrus sagt uns:

2. Petr. 1,19: „Um so fester haben wir das prophetische Wort, und ihr tut gut daran, dass ihr darauf achtet als auf ein Licht, das da scheint an einem dunklen Ort, bis der Tag anbreche und der Morgenstern aufgehe in euren Herzen."

Es ist also gut und in Gottes Absicht, wenn wir auf die Worte der Propheten achtgeben. Damit meine ich freilich nicht die

Anmaßungen der vielen selbsternannten Propheten unserer Tage. Auch rede ich nicht einem „Endzeitspezialistentum" das Wort, das nur sein geistliches Lieblingssteckenpferd reitet und alles weiß und nichts weiß. Sondern ich rede von einem gesunden Achtgeben auf das überlieferte, geschriebene Prophetenwort in der Bibel. Es kann uns zurückhalten vor dem Bösen; es kann uns auch Wegweisung geben für die Zukunft. Vielleicht war das in Jotams Leben ganz ähnlich. –
Und es wird uns weiter über ihn berichtet:

2. Chr. 27,3–4: „**3** Er baute das obere Tor am Hause des HERRN, und an der Mauer des Ofel baute er viel **4** und baute Städte auf dem Gebirge Juda, und in den Wäldern baute er Burgen und Türme."

Es muss Zeiten des Friedens während Jotams Herrschaft gegeben haben – Zeiten, in denen sich der junge König einer umfangreichen Bautätigkeit widmen konnte, ähnlich wie sein Ahne Salomo. In diesen Zeiten machte er sich an den Ausbau des Tempels und an die Befestigung der Stadtmauer Jerusalems. Und er ließ auch befestigte Städte auf dem Gebirge Juda bauen, und Festungen und Spähtürme zur Landesverteidigung in den Wäldern.
Diese Bautätigkeit hat zwei Seiten. Auf der einen Seite tat Jotam damit das Menschenmögliche, um sein Land gegen feindliche Angriffe zu schützen. Er spürte wohl, dass er von vielen Bedrohungen umgeben war – die späteren Ereignisse sollten ihm recht geben – und darum handelte er. Hierin erwies er sich als ein kluger und umsichtiger König.
Es war noch einmal *Spurgeon*, der einst schrieb: „Wenn ein Mann in mein Haus käme mit der Absicht, meiner Frau den Hals abzuschneiden, so würde ich ihm sein Unrecht

vorhalten, und dann würde ich ihn kräftig daran hindern, ihr Schaden zu tun". Frömmigkeit und Selbstverteidigung schließen sich also nicht vollkommen aus, und ebensowenig Frömmigkeit und Landesverteidigung. Es müssen alle geeigneten Mittel und Maßnahmen dazu ergriffen werden. Wohl gilt:

Ps. 127,1: „Von Salomo, ein Wallfahrtslied. ... Wenn der HERR nicht die Stadt behütet, so wacht der Wächter umsonst."

Aber es wird nicht gesagt, dass der Wächter *überhaupt* umsonst ist. Auch bei völligem Vertrauen auf den Herrn ist eine Wache und eine Verteidigungsanlage sinnvoll!

Manche Ausleger erblicken allerdings in der emsigen Bautätigkeit des Jotam ein falsches Vertrauen: nämlich das auf Festungen und Burgen, statt auf den Schutz des Herrn. In diese Richtung scheinen auch die späteren Äußerungen einiger Propheten zu deuten:

Hos. 8,14: „Israel vergisst seinen Schöpfer und baut Paläste, und Juda macht viele feste Städte; aber ich will Feuer in seine Städte senden, das soll seine Paläste verzehren."
Jes. 2,12.15: „Denn der Tag des HERRN Zebaoth wird kommen über alles Hoffärtige und Hohe und über alles Erhabene, dass es erniedrigt werde: ... über alle hohen Türme und über alle festen Mauern,"

Es könnte aber sein, dass nicht die Festungen *an sich* verurteilt worden sind, sondern nur das *ausschließliche* Vertrauen auf sie. Einem Volk, das den Herrn vergisst, nützen auch seine (berechtigterweise erstellten!) Verteidigungsanlagen nichts mehr.

Wir wollen hier also mit einem Urteil über Jotam vorsichtig sein. Immer muss im Blickfeld sein, dass die Bibel Jotam grundsätzlich nicht verurteilt. Auch seine Bautätigkeit dürfte mit zu dem gehört haben, was dem Herrn wohlgefiel. Dazu gehört auch das Nächste:

2. Chr. 27,5: „Auch kämpfte er mit dem König der Ammoniter und unterwarf sie, so dass ihm die Ammoniter in diesem Jahr hundert Zentner Silber, hunderttausend Scheffel Weizen und hunderttausend Scheffel Gerste gaben. Soviel gaben ihm die Ammoniter auch im zweiten und im dritten Jahr."

Die Ammoniter, die alten Feinde der Israeliten, die traurigen Nachkommen aus dem Geschlechtsverkehr des betrunkenen Lot mit seiner jüngeren Tochter (vgl. **1. Kön. 19,38**) – Jotam schlug sie. Sein Sieg hatte zur Folge, dass die Ammoniter ihm drei Jahre nacheinander umfangreiche Tributzahlungen leisteten. Zum militärischen Erfolg gesellten sich also wirtschaftlich bedeutsame Einnahmen.
Auch diesen Sieg über die Ammoniter werden wir auf das Konto von Jotams gerechtem Leben verbuchen dürfen, denn die Bibel sagt ausdrücklich:

2. Chr. 27,6: „So wurde Jotam mächtig; denn er wandelte recht vor dem HERRN, seinem Gott."

Und das ist bereits der Höhepunkt dessen, was über ihn an Gutem ausgesagt wird. Es ist die Quintessenz seines Königtums; das schöne Zeugnis der Heiligen Schrift, das sie ihm ausstellt. Dass Jotam ein gerechter König war, wird sowohl im 2. Königebuch wie auch im 2. Buch der Chronik über ihn ausgesagt. Die Bibel weist auch selbst auf diese Aufzeichnungen hin:

2. Kön. 15,36: „Was aber mehr von Jotam zu sagen ist und alles, was er getan hat, siehe, das steht geschrieben in der Chronik der Könige von Juda."
2. Chr. 27,7: „Was aber mehr von Jotam zu sagen ist und alle seine Kriege und wie er wandelte, siehe, das steht geschrieben im Buch der Könige von Israel und Juda."

Die meisten von uns werden keinen Platz im Geschichtsbuch finden. Aber in Gottes Büchern sind wir alle verzeichnet. Trage zunächst durch Bekehrung Sorge dafür, dass dein Name im Himmel angeschrieben ist **(Luk. 10,20)**, und dass es dir am Ende der Zeiten nicht geht nach dem furchtbaren Vers aus der Offenbarung des Johannes:

Offb. 20,15: „Und wenn jemand nicht gefunden wurde geschrieben in dem Buch des Lebens, der wurde geworfen in den feurigen Pfuhl."

Und wenn du bekehrt bist, dann wird auch Folgendes auf dich zutreffen:

Mal. 3,16: „Aber die Gottesfürchtigen trösten sich untereinander: Der HERR merkt und hört es, und es wird vor ihm ein Gedenkbuch geschrieben für die, welche den HERRN fürchten und an seinen Namen gedenken."

– Und wie Jotam gelebt hat, so war auch sein Ende:

2. Chr. 27,9: „Und Jotam legte sich zu seinen Vätern, und sie begruben ihn in der Stadt Davids. Und sein Sohn Ahas wurde König an seiner Statt."

Jotam scheint ein friedliches Ende gehabt zu haben. Und wie viele seiner Vorgänger wurde er in den Gräbern der Könige Judas bestattet. Sohn und Vater kamen also nicht in dasselbe Grab. Nicht nur im Leben, auch im Tode hatte der Sohn dem Vater etwas voraus. Und wir sind froh, dass das Leben des Königs Jotam zu einem so guten Abschluss kam, auch wenn er mit 41 Jahren schon recht früh gestorben ist. Ist es da recht, wenn wir diesem guten König nun doch noch etwas am Zeug flicken? Sollten wir ihn nicht in Frieden ruhen lassen?
Nein, es geht uns nicht darum, den rechtschaffenen Jotam schlecht zu machen. Wir nehmen sein Leben deshalb so genau in Augenschein, weil die Bibel uns noch mehr über ihn mitteilt. Denn sein Leben war auch:

3. Ein Leben in Unvollkommenheit

...wie das Leben eines jeden von uns, muss man sagen. Und bemerkenswert ist, dass die Bibel den Jotam kaum offen tadelt. Die Schwachpunkte seines Lebens müssen deutlich beleuchtet werden, damit sie überhaupt sichtbar werden. Aber es wird berichtet:

2. Kön. 15,33–35: „**33** Er war fünfundzwanzig Jahre alt, als er König wurde; und er regierte sechzehn Jahre zu Jerusalem. Seine Mutter hieß Jeruscha, eine Tochter Zadoks. **34** Und er tat, was dem HERRN wohlgefiel, ganz wie sein Vater Usija getan hatte, **35** nur, dass die Höhen nicht entfernt wurden; denn das Volk opferte und räucherte noch auf den Höhen. ...".

Im Paralleltext in **2. Chr. 27** wird nur summarisch vermerkt, dass das Volk „noch immer böse handelte".

Die Opferhöhen für die Götzen – es gab sie schon zu Zeiten seines Vaters Usia und vorher, und zu den Zeiten seines Sohnes gab es sie immer noch. Da war ein merkwürdiges Nebeneinander und ein religiöser Mischmasch aus Jahwe-Glauben und Götzenverehrung. Für Gott natürlich absolut unerträglich – aber nicht so für das götzendienerische menschliche Herz!

Und der Klerus der damaligen Zeit war offenbar zu schwach, um etwas an diesem Zustand des „Hinkens auf beiden Seiten" zu ändern, und auch der gerechte Jotam hatte nicht soviel Autorität, um dem bösen Treiben ein Ende zu bereiten. Dadurch ändert sich nichts an seinem persönlichen Status; das Urteil der Bibel über ihn fällt eindeutig aus. Aber es ist doch so, dass durch den Hinweis auf die Götzenhöhen ein Makel vermerkt wird; dass da etwas bestand, was ein späterer König wie zum Beispiel Josia nicht duldete. Insofern ist Jotam auch ein Stück weit verantwortlich, weil er nicht entschlossen genug durchgriff, sondern das Böse duldete.

Die zweite Schwäche im Leben Jotams – und sie hing vielleicht mit der ersten zusammen – war die Tatsache, dass er einen absolut gottlosen Nachfolger hatte: nämlich seinen Sohn *Ahas*, von dem es dann später hieß:

2. Chr. 28,1–4: „**1** Ahas war zwanzig Jahre alt, als er König wurde; und er regierte sechzehn Jahre zu Jerusalem. Er tat nicht, was dem HERRN wohlgefiel, wie sein Vater David, **2** sondern wandelte in den Wegen der Könige von Israel. Dazu machte er den Baalen gegossene Bilder **3** und opferte im Tal Ben-Hinnom und a verbrannte seine Söhne im Feuer nach den gräulichen Sitten der Heiden, die der HERR vor den Israeliten vertrieben hatte, **4** und opferte und räucherte auf den Höhen und auf den Hügeln und unter allen grünen Bäumen."

Nun müssen wir auch hier gewiss vorsichtig sein. Ein gläubiger Vater ist noch keine Garantie für das Gläubigwerden seiner Nachkommen. So mancher hat seinen Kindern das beste Vorbild gegeben und musste doch erleben, dass sie andere Wege gingen. Und es kann wohl mit Sicherheit davon ausgegangen werden, dass Jotam seinen Sohn Ahas nicht zur Gottlosigkeit anhielt.

Aber ein Mensch wird nicht von heute auf morgen zum Götzendiener. Vielleicht war schon vorher sichtbar, dass der junge Ahas mit dem Glauben seiner Väter nicht viel am Hut hatte. Vielleicht hatte er sich auch da und dort schon durch Gottlosigkeit hervorgetan und durchblicken lassen, dass sein Herz an allem hing, aber nicht an dem Jahwe Israels. Wie beim Volk, so war er offenbar auch im Blick auf seinen eigenen Sohn zu schwach gewesen, um dem Übel zu wehren. Auch hier fehlte es ihm am entschiedenen „Nein!", auch wenn er dieses Nein für sich selbst deutlich gesprochen hatte.

Und so müssen wir vielleicht sagen: Jotam war ein schwacher Mächtiger: *mächtig*, weil er selber mit Gott lebte, und *schwach*, weil er nicht genügend Kraft besaß, seine Frömmigkeit auch seinem Volk und seinem Sohn aufzuprägen.

Er wird trotzdem im Himmel mit dabei sein – nur vielleicht im Blick auf seine Belohnung ein paar Wermutstropfen hinnehmen müssen.

Für uns ergeben sich daraus noch zwei Dinge:

- *Bitte Gott, dass er dich in allem Guten auf den Weg des Jotam führt.* Hoffentlich kann auch von dir und mir am

Ende unseres Lebens gesagt werden: „Und er (und sie) tat, was dem Herrn wohlgefiel." Es ist das schönste und beste Zeugnis, das einem Menschen ausgestellt werden kann, und es ist auch von entscheidender Bedeutung für die Ewigkeit.

- *Bitte Gott, dass dir die Schwäche des Königs Jotam erspart bleiben möge.* Natürlich können wir nicht mit dem Kopf durch die Wand, was die Vermittlung unserer Frömmigkeit an unsere Umgebung angeht. Wir wollen uns aber auch nicht sagen lassen müssen, dass wir mehr hätten erreichen können, wenn wir nur *etwas* entschiedener und bestimmter aufgetreten wären.

Dies ist die Lehre aus dem Leben des frommen Königs Jotam. Verinnerliche also das Positive daran und vermeide das Negative!

Schafan

Nun wollen wir als nächstes einen Blick werfen auf die Gestalt eines Mannes, der ganz bestimmt zu den „Randfiguren der Bibel" gehört. Er ist aber dennoch nicht unwichtig. Du kannst auch aus seinem Leben und dem seiner Nachkommen eine ganze Menge lernen. Ich meine *Schafan, den Schreiber des Königs Josia.* Es ist gut möglich, dass du noch nie etwas von diesem Mann gehört hast. Vielleicht ist dir sein Name bei der Lektüre des Alten Testaments gelegentlich begegnet. Aber du hast nie bewusst auf ihn geachtet. Darum möchte ich nun diese Gestalt auf den folgenden Seiten in dein Blickfeld rücken. Damit sind wir schon beim ersten Punkt unserer Betrachtung:

1. Schafans Anfänge

Über die Geburt Schafans berichtet die Bibel – *nichts*. Eine Übersetzung seines Namens lautet: „Klippdachs". Ich konnte nicht herausfinden, warum er diesen sonderbaren Namen trug. Sein Vater hieß *Azalja*, sein Großvater *Meschullam* – siehe unten –, aber wie die Mutter hieß, erfahren wir nicht. Auch hören wir nichts über eventuelle Geschwister, über seine Erziehung, oder wie und warum er in sein Amt kam. Es wird uns auch nichts über besondere Erlebnisse berichtet, die er mit Gott gehabt hätte. Und doch... Aber hier nun der Bericht, wo er zum ersten Mal in der Bibel erscheint:

2. Schafans erste, wichtige Mission

2. Kön. 22,1–11: „**1** Josia war acht Jahre alt, als er König wurde; und er regierte einunddreißig Jahre zu Jerusalem. Seine Mutter hieß Jedida, eine Tochter Adajas aus Bozkat. **2** Und er tat, was dem HERRN wohlgefiel, und wandelte ganz in dem Wege seines Vaters David und wich nicht davon ab, weder zur Rechten noch zur Linken. **3** Und im achtzehnten Jahr des Königs Josia sandte der König den Schreiber Schafan, den Sohn Azaljas, des Sohnes Meschullams, in das Haus des HERRN und sprach: **4** Geh hinauf zu dem Hohenpriester Hilkija, dass er abgebe alles Geld, was zum Hause des HERRN gebracht ist, das die Hüter an der Schwelle gesammelt haben vom Volk, **5** damit man es gebe den Werkmeistern, die bestellt sind im Hause des HERRN, und sie es geben den Arbeitern am Hause des HERRN, damit sie ausbessern, was baufällig ist am Hause, **6** nämlich den Zimmerleuten und Bauleuten und Maurern und denen, die Holz und gehauene Steine kaufen sollen, um das Haus auszubessern; **7** doch dass sie keine Rechnung zu legen brauchten von dem Geld, das ihnen gegeben wird, sondern dass sie auf Treu und Glauben handeln. **8** Und der Hohepriester Hilkija sprach zu dem Schreiber Schafan: Ich habe dies Gesetzbuch gefunden im Hause des HERRN. Und Hilkija gab das Buch Schafan, und der las es. **9** Und der Schreiber Schafan kam zum König und gab ihm Bericht und sprach: Deine Knechte haben das Geld ausgeschüttet, das im Hause des Herrn gesammelt ist, und haben's den Werkmeistern gegeben, die bestellt sind am Hause des HERRN. **10** Dazu sagte der Schreiber Schafan dem König: Der Priester Hilkija gab mir ein Buch. Und Schafan las es vor dem König. **11** Als aber der König die Worte des Gesetzbuches hörte, zerriß er seine Kleider."

So also begegnet uns der Schreiber Schafan zum ersten Mal: im Dienst des judäischen Königs *Josia*. Der regierte von 640–609 v.Chr. und war der letzte gottesfürchtige König des Südreiches Juda. In unserer Geschichte wird berichtet, wann Josia zur Herrschaft kam und wie lange er König blieb. Es wird auch ausdrücklich vermerkt, dass er ein Mann nach dem Herzen Gottes war. Er besaß eine Gesinnung, wie David sie hatte.

Es ist schwer anzunehmen, dass ein gottesfürchtiger Mann wie Josia sich mit gottlosen Mitarbeitern umgeben hätte. Und so können wir davon ausgehen, dass auch sein Sekretär ein Mann war, dessen Leben unter Gott stand. Dies umso mehr, als Josia zu dem Zeitpunkt, wo Schafan zum ersten Mal die Szene betritt, schon achtzehn Jahre im Amt war. Er war mehr als reif genug, um seine Mitarbeiter sorgfältig auszuwählen.

In jenem achtzehnten Jahre schickt Josia seinen Schreiber Schafan in den Tempel zu dem Hohenpriester *Hilkija*. Er soll dort die Spenden abholen, die vom Volk für den Tempel gegeben worden waren. Das Geld sollte für die notwendig gewordenen Ausbesserungsarbeiten verwendet werden. Dies zeigt, dass dem König Josia der Zustand des Hauses Gottes ein Anliegen war. Weiter zeigt die Tatsache, dass er die Handwerker auf Treu und Glauben handeln ließ, wieviel Vertrauen er ihnen um Gottes willen entgegen brachte.

Wenn ein Mann sich anschickt, etwas Gutes und Richtiges zu tun, kann es sein, dass Gott ihm dabei entgegenkommt – wenn auch vielleicht auf ungeahnte Weise. So auch hier in unserer Geschichte.

Schafan hat den Auftrag ausgeführt, den er vom König erhalten hat. Allerdings fällt auf, dass der biblische Bericht darüber gar nichts Näheres erzählt. Dafür rückt ein anderes Ereignis ins Zentrum des Interesses.

Als Hilkija und Schafan zusammentreffen, macht der Hohepriester ihm gegenüber eine eigentümliche Bemerkung: „Ich habe dies Gesetzbuch gefunden im Hause des Herrn." Hatte er das denn vorher nicht zur Verfügung? War er nicht vertraut damit? Oder dachte er: Jetzt ist ein günstiger Moment, um den König Judas wieder an das Gesetzbuch Gottes zu erinnern?

Viele Fragen tun sich hier auf. Wahrscheinlich dürfen wir dabei nicht vergessen, wer die Vorgänger Josias gewesen waren. Sein Vater war *Amon* gewesen, ein gottloser Mann, der nur zwei Jahre lang regierte **(2. Kön. 21,19–26)**. Und Amon war der Sohn des fürchterlichen *Manasse* gewesen, dessen 55-jährige Herrschaft eine Epoche gräulichen Götzendienstes gewesen war **(2. Kön. 21,1–18)**. Es ist gut möglich, dass aufgrund dieser langen, gottlosen Zeit das Gesetzbuch Gottes vollständig in Vergessenheit geraten war. Wenn so, dann ist es ein umso größeres Wunder, dass der junge König Josia nach dem Herrn fragte. Es ist aber auch ein Rätsel, warum es so lange dauerte, bis Gottes Buch wieder auftauchte.

Wie auch immer: Fast beiläufig wirkt die Bemerkung des Hilkija dem Schafan gegenüber. Und er gibt ihm das Buch. Und Schafan liest es.

Der Schreiber Josias trifft in der Ausführung eines vom König erteilten Auftrages mit einem Diener Gottes zusammen und empfängt von diesem *das Buch*. Manchmal geschehen besondere Dinge durch ganz gewöhnliche Vorgänge. Schafan kam in erster Linie des Geldes wegen, aber er empfing einen Schatz, der weitaus wertvoller war als alle Spendengelder zusammen!

Und wenn ein rechtschaffenes Herz und das rechte Buch aufeinandertreffen, dann ist das ein Ereignis, das ungeahnte Folgen haben kann. Der Schreiber war natürlich ein des

Lesens kundiger Mann. Und ich stelle mir vor, dass er mit großer Aufmerksamkeit und zunehmendem Interesse das Buch las. Und als er das getan hatte, dachte er sich wohl: Was für ein Inhalt! Was für eine Botschaft! Das muss ich unbedingt meinem König zu lesen geben! So kommt er zu Josia. Zunächst erstattet er Bericht von dem ausgeführten Auftrag. Dann berichtet auch er wie beiläufig dem König von dem gefundenen Buch. Und darf dem König daraus vorlesen. Ob dies bedeutet, dass Josia selber gar nicht lesen konnte? Auf alle Fälle führt die Lesung dazu, dass Josia neue Kleider anziehen muss, denn die alten zerreißt er. So erschrocken und erschüttert ist er über das, was Schafen ihm vorgelesen hat. Das Zerreißen der Kleider war in alter Zeit ein Zeichen der Buße. Wahrscheinlich hat Schafan dem Josia eine Passage vorgelesen, in der vom Gericht als Strafe für den Abfall von Gott die Rede war. Und da Josia die gottlose Vergangenheit des Reiches kannte, packte ihn die Angst. Wieviel kannst du von dem treuen Schafan für dich lernen:
- Sei treu in dem Dienst, der dir aufgetragen ist. Er ist vielleicht einfacher als der des Schafan, aber das macht nichts. Vielleicht wirst auch du gewürdigt, mitten im Alltäglichen etwas Besonderes zu erleben!
- Wenn du im Begriff bist, einen Schatz zu heben, wird dir vielleicht der noch größere gegeben!
- Wenn dir Gottes Buch in die Hände kommt, dann lies es!
- Lass' dein Herz bewegt werden von dem, was du liesest!
- Gib weiter, was du gelesen hast – vielleicht sogar einer höhergestellten Person!
- Sei mutig, auch wenn der Inhalt der Botschaft nicht angenehm sein mag!

- Überlasse Gott die Folgen deines Tuns! Vielleicht war es ja nicht ganz ungefährlich gewesen, dem König ausgerechnet eine Gerichtspassage vorzulesen. Josia war zwar gottesfürchtig, aber man weiß ja nie... Dennoch war Schafan ebenso mutig wie unbestechlich. Und er, auch wenn er hier nur ein kleines Glied in der Kette war und ein Rädchen in Gottes Getriebe, setzte hier Weiteres in Gang, und damit sind wir beim nächsten Punkt:

3. Schafans zweite, wichtige Mission

2. Kön. 22,12–20: „**12** Und der König gebot dem Priester Hilkija und Ahikam, dem Sohn Schafans, und Achbor, dem Sohn Michajas, und Schafan, dem Schreiber, und Asaja, dem Kämmerer des Königs, und sprach: **13** Geht hin und befragt den HERRN für mich, für das Volk und für ganz Juda über die Worte dieses Buches, das gefunden ist; denn groß ist der Grimm des HERRN, der über uns entbrannt ist, weil unsere Väter nicht den Worten dieses Buches gehorcht haben und nicht alles taten, was darin geschrieben ist. **14** Da gingen hin der Priester Hilkija, Ahikam, Achbor, Schafan und Asaja zu der Prophetin Hulda, der Frau Schallums, des Sohnes Tikwas, des Sohnes des Harhas, des Hüters der Kleider, und sie wohnte in Jerusalem im zweiten Bezirk der Stadt; und sie redeten mit ihr. **15** Sie aber sprach zu ihnen: So spricht der HERR, der Gott Israels: Sagt dem Mann, der euch zu mir gesandt hat: **16** So spricht der HERR: Siehe, ich will Unheil über diese Stätte und ihre Einwohner bringen, alle Worte des Buches, das der König von Juda hat lesen lassen, **17** weil sie mich verlassen und andern Göttern geopfert haben, mich zu erzürnen mit allen Werken ihrer Hände; darum wird mein Grimm gegen diese Stätte entbrennen und nicht ausgelöscht werden. **18** Aber dem König von Juda, der euch gesandt hat, den HERRN zu befragen, sollt ihr sagen: So spricht der HERR, der Gott Israels: Was die Worte angeht, die du gehört hast: **19** Weil du im Herzen betroffen bist und dich gedemütigt hast vor dem HERRN, als du hörtest, was ich geredet habe gegen diese Stätte und ihre Einwohner, dass sie sollen zum Entsetzen und zum Fluch werden, und weil du deine Kleider zerrissen hast und vor mir geweint hast, so habe ich's auch erhört, spricht der HERR. **20** Darum will ich dich zu deinen Vätern versammeln, damit du mit Frieden in dein Grab kommst und deine Augen nicht sehen all das Unheil, das ich über diese Stätte bringen will. Und sie sagten es dem König wieder."

Auch dieser Abschnitt ist aus vielen Gründen bemerkenswert.

- *Zum einen: der König begibt sich nicht persönlich zur Prophetin Hulda, sondern er schickt eine Abordnung.* Ich nehme nicht an, dass er nur aus Blasiertheit nicht persönlich ging, weil es etwa unter seiner Würde gewesen wäre. Vielmehr dürfte hier auch Demut und Bescheidenheit mit im Spiel gewesen sein. Er getraute sich nicht selbst in die Gegenwart dieser Frau Gottes.
- *Zum andern: Er schickt dennoch eine größere Abordnung hochgestellter Männer*, um die Bedeutsamkeit der Mission zu unterstreichen. Der Priester bzw. Hohepriester *Hilkija* wird gesandt, dazu ein Mann namens *Ahikam*, der hier als Sohn Schafans vorgestellt wird. Dazu ein Mann namens *Achbor*, dessen Funktion nicht näher erläutert wird, *Schafan* selbst und *Asaja*, eine Art Geschäftsführer des Königshauses.
- *Zum dritten* ist auffallend, dass Josia *zu der Prophetin Hulda* schicken lässt. Warum nicht zu Jeremia oder

Zefanja, die zu dieser Zeit schon wirkten? Waren sie noch zu wenig bekannt, zu selten aufgetreten, zu wenig anerkannt? In unserem Text sieht es so aus, als ob Gott damals nur *einer* Frau die Gabe der Prophetie anvertraut hätte. Aber so ist es immer wieder einmal im Alten Testament: Frauen erscheinen in Zeiten des geistlichen Niederganges in besonderen Positionen. Betrachte in diesem Zusammenhang **Richter 4**, aber lies auch **Jes. 3,12**! Auf alle Fälle aber sind die Zeiten der geistlichen Misere *auch* die Zeiten der gottesfürchtigen Frauen!

- *Zum vierten* wird erkennbar, dass Josia ein *Schuldbewusstsein* hat. Er weiß, dass seine Väter sich an Gott und seinen Geboten furchtbar versündigt haben. Er weiß, dass Gott deswegen zornig sein muss. Darum möchte er jetzt gerne Genaueres über die Zukunft erfahren.

Was ihm durch Hulda mitgeteilt wird, ist ebenso schrecklich wie tröstlich. Der Tempel, Jerusalem und das ganze Südreich Juda: sie werden dem Gericht verfallen. Aber weil Josia betroffen gewesen ist über das, was er gehört hat, und weil er sich gedemütigt und Buße getan hat, soll ihm ein anderes Schicksal widerfahren. Er soll mit Frieden in sein Grab kommen. So enthält die Antwort Huldas sowohl Gericht als auch Gnade.

Wie das 23. Kapitel zeigt, erneuert Josia daraufhin den Gottesdienst in Juda und schafft den Götzendienst ab. Zwar rettet dies das Land Juda nicht vor Gottes Gericht. Aber es sorgt wenigstens dafür, dass Josia dieses Gericht nicht mehr zu seinen Lebzeiten erleben muss.

Und was Schafan anbetrifft, seinen Schreiber – so ist das schon alles, was uns über ihn in der Bibel mitgeteilt wird. Danach verschwindet er im Dunkel der Geschichte. Es ist eigentlich nichts Außergewöhnliches, was uns vom Leben dieses Mannes überliefert ist. Er war ein Staatsbeamter in gehobener Position, vielleicht auch ein wenig trocken – aber dennoch erleben wir ihn, wie er dreimal eine wichtige Tat vollbringt:

- *Schafan, der Bibelleser*: Er lässt sich von einem Diener Gottes *das Buch* geben und liest es. – Sei auch du ein treuer Bibelleser!
- *Schafan, der Vorleser*: Er liest seinem König aus dem Buch vor – auch Passagen, in denen es eine schlechte Nachricht enthält und vom kommenden Gericht spricht. – Wie schrieb einst Paulus an Timotheus: „Fahre fort mit Vorlesen, mit Ermahnen, mit Lehren, bis ich komme." **(1. Tim. 4,13)**. Auch dann, wenn die, denen vorgelesen wird, nicht immer Freude daran haben!
- *Schafan, der treue Bote*: Er bringt dem König Josia zusammen mit den anderen Beauftragten sowohl eine schlechte als auch eine gute Nachricht. „Ein gottloser Bote bringt ins Unglück; aber ein getreuer Bote bringt Hilfe." **(Spr. 13,17)**.

Für dich und mich ergibt sich aus dem allem: Wir müssen in unserem Dienst für Gott keine Wunder vollbringen, aber wir sind zur Treue gerufen. Üben wir sie, werden wir Gutes bewirken, auch wenn wir nicht weltberühmt werden!

Doch vielleicht können wir über Schafan sogar noch mehr sagen:

4. Schafans Nachkommen

Wenn die Zuordnungen stimmen, dann berichtet die Bibel von sechs verschiedenen Nachkommen des Schafan – vier Söhnen und zwei Enkeln.

a) Ahikam

2. Chr. 34,20: „Und der König gebot Hilkija und Ahikam, dem Sohn Schafans, und Achbor, dem Sohn Michajas, und Schafan, dem Schreiber, und Asaja, dem Kämmerer des Königs, und sprach: ...".

Dies ist der Paralleltext zu **2. Kön. 22** aus dem **2. Chronikbuch**. Ein gewisser *Ahikam* wird dort als Sohn Schafans bezeichnet. Es herrscht keine Einigkeit darüber, ob es sich dabei um einen Sohn des Schreibers handelt oder um den Sohn eines anderen Mannes gleichen Namens. Es wäre aber ohne weiteres denkbar, dass nach dem Vater auch einer seiner Söhne in die gehobene Staatslaufbahn eintrat. Wir sähen dann hier den Sohn in den Spuren des Vaters. Wenn diese Spuren nicht gottlos sind, ist es keine Schande für einen Sohn, in ihnen zu gehen!

Von diesem Ahikam wird noch etwas anderes berichtet, was zu der eben skizzierten Szenerie passen würde:

Jer. 26,24: „Aber mit Jeremia war die Hand Ahikams, des Sohnes Schafans, so dass man ihn nicht dem Volk in die Hände gab, das ihn getötet hätte."

Der Prophet Jeremia verdankt an einem kritischen Punkt seiner Geschichte dem Eingreifen des Schafan-Sohnes sein Leben. Warum wurde er von Ahikam geschützt? Vielleicht kann man hier sagen: *Wie die Alten sungen, so zwitschern auch die Jungen!* Wie Schafan ein treuer Diener seines Königs war und das Gesetzbuch und die Prophetin Hulda ernstnahm, so nahm auch Ahikam den Propheten Jeremia ernst. Er wusste, dass Jeremia ein Mann Gottes war. Und darum schützte er ihn – gegen eine mordlustige Mehrheit, die am liebsten den Tod des lästigen Schwarzmalers gesehen hätte. Wenn Ahikam der Sohn Schafans war, dann haben wir hier die Tat eines gottesfürchtigen Sohnes vor uns, der einen gottesfürchtigen Vater hatte. Dies wiederum spräche für die Erziehung, die Schafan seinen Söhnen angedeihen ließ. Wenn du Kinder haben solltest, sorge dafür, dass sie in erster Linie in Gottes Bahnen laufen und in zweiter Linie auch für die Boten Gottes eintreten!

b) Elasa

Jer. 29,1–3: „**1** Dies sind die Worte des Briefes, den der Prophet Jeremia von Jerusalem sandte an den Rest der Ältesten, die weggeführt waren, an die Priester und Propheten und an das ganze Volk, das Nebukadnezar von Jerusalem nach Babel weggeführt hatte **2** – nachdem der König Jechonja und die Königinmutter mit den Kämmerern und Oberen in Juda und Jerusalem samt den Zimmerleuten und Schmieden aus Jerusalem weggeführt waren –, **3** durch Elasa, den Sohn Schafans, und Gemarja, den Sohn Hilkijas, die Zedekia, der König von Juda, nach Babel sandte zu Nebukadnezar, dem König von Babel: ...".

Wenn ein Mann sich in seinem Dienst als treuer Bote erwiesen hat, dann vielleicht auch sein Sohn. So sehen wir zu Beginn dieses Kapitels *Elasa*, den Sohn Schafans, unterwegs mit einem Brief Jeremias an die Weggeführten in Babel. Ob es Zufall ist, dass er zusammen mit einem Sohn des Hohenpriesters Hilkija unterwegs war? Vielleicht kannten die beiden sich schon aus Kindertagen. Sie waren der passende Umgang füreinander gewesen!

Warum der gottlose Zedekia ausgerechnet diese beiden beauftragt hatte? Vielleicht auf Vorschlag Jeremias? Oder weil Zedekia, der auch ein Sohn Josias war, noch die Väter gekannt hatte, die zu ihren Lebzeiten in seines Vaters Dienst gestanden waren? Und weil er darum annahm, dass die beiden zuverlässig waren wie ihre Väter?
Wir können nur noch die Umrisse der Spuren erahnen, die zu diesem Auftrag führten. Aber wie auch immer: Der Auftrag wurde zuverlässig ausgeführt. Noch einmal: Wenn Schafan die rechte Erziehung ausübt, werden seine Söhne den rechten Umgang haben und so zuverlässig sein wie ihr Vater! Sei auch du wie er!

c) Gemarja

Von diesem Sohn Schafans werden uns zwei Dinge berichtet:

Jer. 36,10–12.25: „**10** Und Baruch las aus der Schriftrolle die Worte Jeremias vor im Hause des HERRN, in der Halle Gemarjas, des Sohnes Schafans, des Schreibers, im oberen Vorhof bei dem neuen Tor am Hause des HERRN, vor dem ganzen Volk. **11** Als nun Michaja, der Sohn Gemarjas, des Sohnes Schafans, alle Worte des HERRN gehört hatte aus der Schriftrolle, **12** ging er hinab in des Königs Haus in die Kanzlei. Und siehe, dort saßen alle Oberen: Elischama, der Schreiber, Delaja, der Sohn Schemajas, Elnatan, der Sohn Achbors, Gemarja, der Sohn Schafans, und Zidkija, der Sohn Hananjas, samt allen andern Oberen. – **25** Und obwohl Elnatan, Delaja und Gemarja den König baten, er möge die Schriftrolle nicht verbrennen, hörte er nicht auf sie."

- *Das eine*: Baruch, der Schreiber Jeremias, las aus der Schriftrolle des Propheten vor in der Halle Gemarjas, des Sohnes Schafans, im Hause des Herrn. Diese „Halle" (ein Nebengebäude) war offenbar eine Stiftung des gottesfürchtigen Gemarja für das Haus Gottes. Sie spricht für ihn, ebenso wie die Tatsache, dass der Schreiber des Propheten ausgerechnet diesen Ort für seine Schriftlesung auswählte. – Wenn der Glaube, den du hast, auch deine Kinder dazu bringt, etwas für Gottes Haus zu tun, wird es auch dir Ehre bringen!

- *Das andere*: Als schließlich die Schriftrolle vor den König Jojakim gebracht wurde, damit er daraus das Wort Gottes höre und zur Buße komme, schnitt er mit einem Schreibmesser Stück für Stück davon ab und warf es ins Feuer. Gemarja war einer von denen, die den König wenigstens baten, es nicht zu tun, auch wenn sie es nicht wagten, sich ihm offen zu widersetzen. Der Vorgang zeigt, dass Gemarja wie sein Vater vor dem Wort Gottes Ehrfurcht hatte. – Wenn auch deine Kinder diese Ehrfurcht haben, sind sie und du gut dran!

d) Jaasanja

Hes. 8,11: „Davor standen siebzig Männer von den Ältesten des Hauses Israel, und Jaasanja, der Sohn Schafans, stand mitten unter ihnen. Und ein jeder hatte sein Räuchergefäß in der Hand, und der Duft einer Wolke von Weihrauch stieg auf."

Dies ist ein Vers aus der schrecklichen Vision Hesekiels vom Götzendienst des Hauses Israel. Warum wird hier Jaasanja, der Sohn Schafans, extra erwähnt? Wahrscheinlich deshalb, weil es so ungewöhnlich war, dass einer der Nachkommen Schafans, des Schreibers, ein Götzendiener war. Ja, ein Götzendiener – nichts anderes bedeutet dieser schreckliche Vers aus dem Prophetenbuch! Die Lektion daraus ist: Ein Mann kann viele gläubige Nachkommen haben – aber es kann doch sein, dass einer andere Wege geht. Ein noch so gutes Beispiel kann unter Umständen nicht verhindern, dass ein Kind eine andere Richtung einschlägt. Vorbild ist wichtig; aber das Entscheidende beim Gläubigwerden von Kindern ist und bleibt doch immer die Gnade Gottes und des Menschen eigener Wille!

Und nun noch die Bemerkungen zu den Enkeln Schafans:

e) Michaja

Er ist uns schon in dem Absatz über Gemarja kurz begegnet. Er war Gemarjas Sohn und berichtete seinem Vater und den anderen Fürsten von Baruch, der aus Jeremias Schriftrolle vorlas. Ob er dies aus Interesse an der Botschaft des Propheten getan hat oder in einem denunzierenden Sinne, bleibt offen. Doch immerhin kam durch seine Aktion sowohl den Oberen des Königs als auch dem König selbst das Wort Gottes zu Gehör.

f) Gedalja

Jer. 39,13–14: „13 Da sandten hin Nebusaradan, der Oberste der Leibwache, und Nebuschasban, der Oberkämmerer, Nergal-Sarezer, der Oberhofmeister, und alle Obersten des Königs von Babel **14** und ließen Jeremia aus dem Wachthof holen und übergaben ihn Gedalja, dem Sohn Ahikams, des Sohnes Schafans, dass er ihn nach Hause gehen ließe. Und so blieb er unter dem Volk."

Jer. 40,5.9.11: „5 Denn weiter hinaus wird kein Wiederkehren möglich sein. Darum magst du umkehren zu Gedalja, dem Sohne Ahikams, des Sohnes Schafans, den der König von Babel über die Städte in Juda gesetzt hat, und bei ihm bleiben unter dem Volk; oder geh, wohin dir's gefällt. Und der Oberste der Leibwache gab ihm Wegzehrung und Geschenke und ließ ihn gehen. – **9** Und Gedalja, der Sohn Ahikams, des Sohnes Schafans, schwor ihnen und ihren Leuten einen Eid und sprach: Fürchtet euch nicht, den Chaldäern untertan zu sein; bleibt im Lande und seid dem König von Babel untertan, so wird's euch wohlgehen. – **11** Und als die Judäer, die im Lande Moab und Ammon und in Edom und in allen Ländern waren, hörten, dass der König von Babel einen Rest in Juda übriggelassen und über sie Gedalja gesetzt hatte, den Sohn Ahikams, des Sohnes Schafans...".

Jer. 41,2: „Und Jischmael, der Sohn Netanjas, erhob sich samt den zehn Männern, die bei ihm waren, und sie erschlugen Gedalja, den Sohn Ahikams, des Sohnes Schafans, mit dem Schwert, weil ihn der König von Babel über das Land gesetzt hatte."

Dieser Gedalja, der ebenfalls ein Enkel Schafans war, wurde von Nebukadnezar von Babylon als jüdischer Statthalter eingesetzt. Auch hier wissen wir nicht genau, warum: ob wegen seiner Tüchtigkeit, oder weil er aus guter Bekanntschaft mit dem Propheten mit diesem einer Meinung gewesen war. Wie die obigen Verse zeigen, kehrte Jeremia nach

seiner Freilassung durch den Obersten der babylonischen Leibwache zu Gedalja zurück.
Und wie **Jes. 40,9** zeigt, sagte Gedalja im Wesentlichen dasselbe, was schon Jeremia seinen Landsleuten vor der Wegführung nach Babylon immer wieder gesagt hatte: sie sollten den Chaldäern untertan sein. Dies gefiel natürlich nicht allen. Nationalistische Freiheitskämpfer beseitigten den ihnen verhassten Gedalja, der für sie das Symbol einer jüdisch unterstützten Unterdrückung war. So nahm Gedalja, der selbst ein argloser Mann war, ein unschönes Ende.

Was jedoch kein Ende nehmen wird, ist das schwerpunktmäßig gute Andenken, das wir an Schafan und seine Nachkommen haben. Wohl uns, wenn wir all ihren guten Beispielen folgen!

Baruch

Auch jetzt wieder begeben wir uns in die Zeit zwischen 630 und 570 v.Chr., oder noch genauer, in die Zeit um 605 bis 586 v.Chr., als auch für das Südreich Juda die Zeit des Exils heraufdämmerte.

In jener Zeit lebte der *Prophet Jeremia*, dessen bewegendes Buch wir ja in der Bibel haben. 23 Jahre lang, seit dem Tod des frommen Königs *Josia*, predigte er dem Volk und mahnte und warnte es, aber es war alles umsonst. Sie wollten nicht auf das Wort Gottes, das durch ihn verkündigt wurde, hören. Dementsprechend frustriert war auch der Prophet; er hätte am liebsten alles hingeworfen. Nur die Berufung Gottes hielt ihn aufrecht.

Wer eine solche Situation durchzustehen hat und praktisch alleine dasteht, wird bewusst oder unbewusst Ausschau halten nach einer Ermutigung. Und die größte Ermutigung, die einem Menschen zuteil werden kann, der auf relativ einsamem Posten steht, ist – *ein treuer Freund und Helfer*, wenigstens *einer,* auf den man sich verlassen kann. Diese Leute sind nicht zu dicht gesät; darum sind sie ein besonderes Geschenk des Himmels.

Wie heißt es in **Prediger 4,12**?
„Einer mag überwältigt werden, aber zwei können widerstehen, und eine dreifache Schnur reißt nicht leicht entzwei."

Und *einen* Menschen gab Gott auch Jeremia, dem Einsamen, *einen* Mann, der auch in schweren Tagen zu ihm hielt. Gleich bei der ersten Begegnung, die wir mit ihm haben, tritt seine hervorstechende Charaktereigenschaft der Treue in Erscheinung, die ihn für gewisse Aufgaben prädestinierte. Daher heißt der erste Punkt unserer Betrachtung:

1. Ein treuer Verwalter

Jer. 32,6–15: „**6** Und Jeremia sprach: Es ist des HERRN Wort zu mir geschehen: **7** Siehe, Hanamel, der Sohn Schallums, deines Oheims, wird zu dir kommen und sagen: Kaufe du meinen Acker in Anatot; denn dir kommt es als erstem zu, ihn einzulösen und zu kaufen. **8** Da kam Hanamel, meines Oheims Sohn, wie der HERR gesagt hatte, zu mir in den Wachthof und sprach zu mir: Kaufe doch meinen Acker in Anatot, der im Lande Benjamin liegt; denn dir kommt es zu, ihn zu erwerben und einzulösen; kaufe du ihn! Da merkte ich, daß es des HERRN Wort war, **9** und kaufte den Acker von Hanamel, meines Oheims Sohn, in Anatot, und wog ihm das Geld dar, siebzehn Lot Silber. **10** Und ich schrieb einen Kaufbrief und versiegelte ihn und nahm Zeugen dazu und wog das Geld dar auf der Waage nach Recht und Gewohnheit. **11** Und ich nahm den versiegelten Kaufbrief und die offene Abschrift **12** und gab beides Baruch, dem Sohn Nerijas, des Sohnes Machsejas, in Gegenwart Hanamels, meines Vetters, und der Zeugen, die unter dem Kaufbrief geschrieben standen, und aller Judäer, die im Wachthof sich aufhielten, **13** und befahl Baruch vor ihren Augen: **14** So spricht der HERR Zebaoth, der Gott Israels: Nimm diese Briefe, den versiegelten Kaufbrief samt dieser offenen Abschrift, und lege sie in ein irdenes Gefäß, daß sie lange erhalten bleiben. **15** Denn so spricht der HERR Zebaoth, der Gott Israels: Man wird wieder Häuser, Äcker und Weinberge kaufen in diesem Lande."

Eigentlich ist die Situation, von der hier die Rede ist, ein totaler Irrwitz. Denn wenn man den Anfang des Kapitels liest, stellt man fest, dass wir uns in einer äußerst ernsten Zeit bewegen: Nebukadnezar von Babylon belagert schon

Jerusalem. Wir befinden uns bereits in der Zeit Zedekias, des letzten judäischen Königs vor dem Exil. Also in der Endphase des Südreiches.

Und Jeremia, der Prophet, begegnet uns hier als Gefangener: Zedekia hat ihn in den „Wachthof" legen lassen, die Militärstation beim Königspalast, wegen der negativen Prophezeiungen über Juda und den König. Das war also der Umgang, der in jener Zeit mit den Propheten Gottes gepflegt wurde. Sie waren lästig, und deshalb legte man sie in Ketten wie Verbrecher. Werde hellhörig für unsere Zeit!

Und mitten in diese für den Propheten sowieso schon verrückte Situation erscheint nun ein Cousin von ihm und bittet ihn um den Kauf eines Ackers! Der Acker lag in Anatoth im Stammesgebiet Benjamins, das zu jener Zeit schon von den Chaldäern bzw. Babyloniern besetzt war. Jeremia war nach **3. Mose 25,25** offenbar der nächste Verwandte, der auf dieses Stück Land ein Kauf- oder Auslöserecht hatte.

Aber so eine Aktion zu dieser Zeit und in dieser Lage?! Und warum wollte Jeremias Cousin den Acker verkaufen oder zurückkaufen? – Vielleicht brauchte er das Geld, um selber Nahrungsmittel zu kaufen – oder den Acker selbst, um solche zu haben.

Doch Jeremia geht auf den Handel ein. Denn Gott hat ihm angekündigt, dass dieses Angebot an ihn kommen wird, und ihm gesagt, dass er den Acker kaufen soll. Sinn der Aktion: der Ackerkauf ist ein Zeichen der Hoffnung. Er weist schon über die Zeit des kommenden Exils hinaus. Er redet schon von der Zeit, wenn Israel wieder in seinem Lande wohnen wird.

Der Kauf wird nach den in der damaligen Zeit üblichen Regeln durchgeführt: ein Kaufbrief wird geschrieben und versiegelt, und eine offene Abschrift davon angefertigt. Das Geld wird abgewogen und dem Verkäufer in die Hand gegeben. Das alles geschah in der Gegenwart glaubwürdiger Zeugen, die auch ihre Unterschrift unter das Kaufdokument setzten.

Und einer von denen, die da zugegen waren, war der Mann, den wir jetzt betrachten wollen: **Baruch, der Gesegnete**, der Sohn Nerijas. Ihm vertraut Jeremia die Kaufdokumente an. Er soll sie in einem irdenen Gefäß für lange Zeit aufbewahren. Und ich meine, das macht eine Aussage über den Mann. Baruch war nämlich ein enger Mitarbeiter Jeremias, ein des Schreibens kundiger Mann, also für die damalige Zeit ein Gelehrter. Und Jeremia muss gewusst haben: bei Baruch sind die Dinge in guten Händen. Dem Baruch kann ich meine persönlichen Angelegenheiten ruhig anvertrauen. Denn Baruch ist *treu*.

Und wieder, wie schon öfter bei unseren Betrachtungen, schwingt die Frage an uns heran: Ob das von dir und mir auch gesagt werden kann? Bist du auch treu, ehrlich, unbestechlich, integer, wie Baruch? Könnte man dir beispielsweise eine größere Geldsumme oder wichtige Dokumente anvertrauen, ohne dass dies für dich zur Versuchung würde?

Was würdest du tun, wenn du plötzlich in einem Bahnhof oder am Straßenrand eine Tasche finden würdest mit mehreren Millionen echten Euro? Würdest du sie umgehend zum Fundbüro oder zur Polizei bringen, oder würdest du dem Gedanken erliegen, dich damit aus dem Staub zu machen?

Könnte man dich auch mit anderen, schwierigen Angelegenheiten betrauen, und du würdest dich darin als treu erweisen? Oder ist der Untergrund deines Wesens Untreue und Unaufrichtigkeit?

Lerne von Baruch, dem Schreiber Jeremias. Bei ihm war das anders. Und höchstwahrscheinlich war es nicht nur eine Treue auf der menschlichen Ebene, sondern auch eine Treue Gott gegenüber. Seine Treue erwuchs aus seinem Glauben an den, der selber der ganz und gar Treue ist – viel mehr, als wir Menschen das je zu sein vermögen. Deshalb habe ich den zweiten Punkt dieser Betrachtung so betitelt:

2. Ein mutiger Zeuge

Lies mit mir **Jer. 36,1–8**:
„**1** Im vierten Jahr Jojakims, des Sohnes Josias, des Königs von Juda, geschah dies Wort zu Jeremia vom HERRN: **2** Nimm eine Schriftrolle und schreibe darauf alle Worte, die ich zu dir geredet habe über Israel, über Juda und alle Völker von der Zeit an, da ich zu dir geredet habe, nämlich von der Zeit Josias an bis auf diesen Tag. **3** Vielleicht wird das Haus Juda, wenn sie hören von all dem Unheil, das ich ihnen zu tun gedenke, sich bekehren, ein jeder von seinem bösen Wege, damit ich ihnen ihre Schuld und Sünde vergeben kann. **4** Da rief Jeremia Baruch, den Sohn Nerijas. Und Baruch schrieb auf eine Schriftrolle alle Worte des HERRN, die er zu Jeremia geredet hatte, wie Jeremia sie ihm sagte. **5** Und Jeremia gebot Baruch und sprach: Mir ist's verwehrt, ich kann nicht in des HERRN Haus gehen. **6** Du aber geh hin und lies die Schriftrolle, auf die du des HERRN Worte, wie ich sie dir gesagt habe, geschrieben hast, dem Volk vor im Hause des HERRN am Fasttage, und du sollst sie auch lesen vor den Ohren aller Judäer, die aus ihren Städten hereinkommen. **7** Vielleicht werden sie sich mit Beten vor dem HERRN demütigen und sich bekehren, ein jeder von seinem bösen Wege; denn der Zorn und Grimm ist groß, den der HERR diesem Volk angedroht hat.

8 Und Baruch, der Sohn Nerijas, tat alles, wie ihm der Prophet Jeremia befohlen hatte, daß er die Worte des HERRN aus der Schriftrolle vorläse im Hause des HERRN."

Wir bewegen uns jetzt ca. im Jahr 605 v.Chr., das heißt also in einer Zeit, die etwa 20 Jahre vor derjenigen liegt, in der die Geschichte mit dem Ackerkauf spielte.
Obwohl unter dem Nachfolger Josias die Dinge im Lande bereits böse stehen und der Prophet schon zur unerwünschten Person geworden ist, lässt Gott noch zu seinem Volk reden. Es war häufig so: Gott wollte sein Volk nicht ungewarnt ins Unglück laufen lassen. Auch hier sehen wir wieder, warum er den Propheten *Worte* aufschreiben lässt: Gott wird bewegt von der Hoffnung, sein Volk möge sich doch noch bekehren, so dass er ihm das Gericht ersparen kann. Die Liebe hofft eben immer alles. Solange auch nur der Hauch einer Chance besteht, dass sich die Dinge zum Besseren wenden könnten, wird Gott nichts unversucht lassen, um dieses Bessere herbeizuführen.
Ich weiß nicht, warum Jeremia die Worte Gottes nicht selber aufschrieb. Könnte es sein, dass er des Schreibens gar nicht kundig war? Oder war er so geschlagen von der Schwere seiner Botschaft, dass er keine Kraft mehr hatte, um sie aufzuschreiben? Wie auch immer: *Baruch* erscheint auf der Bildfläche, und Baruch schreibt treu und unbestechlich alle Worte Gottes auf, die Jeremia ihm diktiert.
Und nicht nur das: der Prophet schickt ihn in den Tempel, damit er dem Volk die Worte Gottes vorliest. Denn er kann selber nicht mehr in den Tempel des Herrn gehen, weil er ja im Wachthof festgehalten wird. Man stelle sich diesen Wahnwitz vor: *der beauftragte und beglaubigte Bote Gottes kann das Haus Gottes nicht mehr betreten.* So zuwider war den Oberen und dem Volk der damaligen Zeit Gottes

Reden. Sie konnten die ewigen Aufrufe zur Buße und Umkehr nicht mehr hören. Sie hassten das eigentliche Wort Gottes, und wollten nur noch das hören, was ihnen von schön redenden Falschpropheten verkündigt wurde. Wenn es einmal soweit gekommen ist in Gottes Volk, dann steht es bös'. Wenn den eigentlichen Boten Gottes die Tür gewiesen wird, dann wütet in den Herzen eine tödliche Krankheit. Wenn eine Gemeinde oder auch ein Volk so tief gesunken ist, dass sie Gott oder Jesus in Gestalt seiner Boten quasi vor die Tür stellen, dann ist das Gericht nicht mehr weit!
Müßig, zu sagen, wie die Verhältnisse heute stehen. Jeder gottlose Unsinn wird von den religiösen und areligiösen Leuten unserer Tage und ihren Oberen begeistert begrüßt, bejubelt und geküsst – aber das Wort Gottes und seine Vertreter lässt man als gesellschaftliche Peinlichkeit lieber auf der Seite. Über die werden große Reden geschwungen, und es fallen Worte wie „Engstirnigkeit", „Intoleranz" und „gefährlicher Fundamentalismus". Und das soll dann etwas Wesentliches geredet sein. Dass es sich dabei in Wahrheit nur um gottloses Gerede handelt, ist noch den Wenigsten aufgefallen. Unser Volk, zum Teil auch unsere Gemeinden weisen beängstigende Parallelen auf zum Südreich Juda der damaligen Zeit. Darum ist das *Buch Jeremia* auch so aktuell – viel aktueller als alles, was uns heute als „Bestseller" angepriesen wird, und was man angeblich gelesen haben muss, um mitreden zu können!
Nun, immerhin konnte Baruch noch in das Haus Gottes gehen. Er war, aufs Ganze gesehen, offenbar doch eher eine Gestalt von untergeordneter Bedeutung. Und da er nicht wie der Prophet im Namen Gottes auftrat, war er aus Gnaden noch geduldet. So kam er also in den Tempel und las aus der Schriftrolle Jeremias.

Ich weiß nicht, ob du schon einmal das Wort Gottes in einer gottlosen Umgebung vorgetragen hast. Und ob du weißt, wie das ist: wenn man den Anhauch der Finsternis spürt und den Widerstand gegen dieses Wort. Wenn einem heiß und kalt wird und man das Gefühl hat: gleich bricht das Unwetter los. Wenn eine Spannung im Raum ist, dass es einen fast zerreißt, und man immerfort meint, das zischende Geräusch der brennenden Lunte zu hören...
In so einer Atmosphäre las der treue Baruch das Wort Gottes. Das war kein Spaß. Das war ein eklatanter Bruch des religiösen Friedens. Da wurde der religiöse Harmoniebetrieb im Jerusalemer Tempel aufs Empfindlichste gestört. Da wurden Töne laut, die man sich eigentlich verbeten hatte. Was liest denn dieser Kerl da für destruktives Zeug?
Doch Baruch war mutig. Er tat, was Jeremia ihm aufgetragen hatte. Und offenbar fürchtete er Gott mehr als die Menschen. Er wusste genau, was er tat, er wusste, dass er provozierte – aber er blieb bei seinem Tun. Wie es weiterging, lesen wir in den **Versen 9–19**:

„**9** Es begab sich aber im fünften Jahr Jojakims, des Sohnes Josias, des Königs von Juda, im neunten Monat, daß man ein Fasten ausrief vor dem HERRN für alles Volk zu Jerusalem und für alles Volk, das aus den Städten Judas nach Jerusalem kam. **10** Und Baruch las aus der Schriftrolle die Worte Jeremias vor im Hause des HERRN, in der Halle Gemarjas, des Sohnes Schafans, des Schreibers, im oberen Vorhof bei dem neuen Tor am Hause des HERRN, vor dem ganzen Volk. **11** Als nun Michaja, der Sohn Gemarjas, des Sohnes Schafans, alle Worte des HERRN gehört hatte aus der Schriftrolle, **12** ging er hinab in des Königs Haus in die Kanzlei. Und siehe, dort saßen alle Oberen: Elischama, der Schreiber, Delaja, der Sohn Schemajas, Elnatan, der Sohn

Achbors, Gemarja, der Sohn Schafans, und Zidkija, der Sohn Hananjas, samt allen andern Oberen. **13** Und Michaja berichtete ihnen alle Worte, die er gehört hatte, als Baruch aus der Schriftrolle vor den Ohren des Volks vorlas. **14** Da sandten alle Oberen Jehudi, den Sohn Netanjas, des Sohnes Schelemjas, des Sohnes Kuschis, zu Baruch und ließen ihm sagen: Nimm die Schriftrolle, aus der du dem Volk vorgelesen hast, mit dir und komm! Und Baruch, der Sohn Nerijas, nahm die Schriftrolle mit sich und kam zu ihnen. **15** Und sie sprachen zu ihm: Setze dich und lies, daß wir's hören! Und Baruch las vor ihren Ohren. **16** Und als sie alle die Worte hörten, entsetzten sie sich untereinander und sprachen zu Baruch: Wir müssen alle diese Worte dem König mitteilen. **17** Und sie fragten den Baruch: Sage uns, wie hast du alle diese Worte aufgeschrieben? **18** Baruch sprach zu ihnen: Jeremia hat mir alle diese Worte vorgesagt, und ich schrieb sie mit Tinte auf die Schriftrolle. **19** Da sprachen die Oberen zu Baruch: Geh hin und verbirg dich mit Jeremia, daß niemand wisse, wo ihr seid!"

Es ist schon bewegend, den treuen Baruch weiter bei seiner Arbeit des Vorlesens zu sehen. Und er erregt Aufmerksamkeit: *Michaja*, einem Enkel von Josias Schreiber *Schafan*, fällt auf, was dieser Mann da eigentlich liest. Das klingt so gar nicht tolerant und „verfassungskonform". Darum erstattet er in der königlichen Kanzlei Meldung. Baruch wird vor dieses Gremium zitiert. Er soll das lesen, was er schon im Tempel vorgetragen hat.
Wir hören förmlich, wie es knistert. Armer Baruch! Mir ist wieder in den Sinn gekommen, was seinerzeit der alte Ritter *Jörg von Frunsberg* zu *Luther* sagte, ehe er nach Worms zum Kaiser zog: „Mönchlein, du gehst einen schweren Gang!" So ähnlich mag das auch für Baruch gewesen sein.

Er musste sich ja sagen: Die wollen mir bestimmt nichts Gutes. Die suchen nur nach einer Gelegenheit, mich fertigzumachen und umzubringen! Aber im vollen Bewusstsein dessen, was passieren könnte, geht Baruch in die Kanzlei und liest das Wort Gottes. Mutiger Vorleser! Wie schrieb Paulus später an Timotheus?

2. Tim. 4,1–2: „**1** So ermahne ich dich inständig vor Gott und Christus Jesus, der da kommen wird zu richten die Lebenden und die Toten, und bei seiner Erscheinung und seinem Reich: **2** Predige das Wort, steh dazu, es sei zur Zeit oder zur Unzeit; weise zurecht, drohe, ermahne mit aller Geduld und Lehre."

In gewissem Sinne war unser Baruch ein „Timotheus des Altertums". Unverrückbar blieb er bei der Aufgabe, die ihm aufgetragen worden war. Unbestechlich las er die Worte Gottes auch vor denen, die er als seine Feinde ansehen musste. Er ließ nicht gewisse Passagen aus und übersprang sie, damit die Botschaft glatter aussah, weniger anstößig, weniger ärgerlich. Nein – er las alles – die Aufforderungen Gottes und die Androhungen des Gerichts, falls nicht Buße getan würde.

Und an dieser Stelle unserer Geschichte passiert nun etwas Überraschendes. Manchmal ist selbst bei den Oberen eines Volkes noch mehr gute Substanz vorhanden, als man ahnt. Das wird man sicher nicht als generelle Regel behaupten können. Aber in diesem Fall war es so. *Die Oberen des gottlosen Königs Jojakim zeigen Ansätze zur Buße.* Sie wollen unbedingt, dass Baruch die Worte Gottes ihrem König zu Gehör bringt. Sie hoffen offensichtlich darauf, dass der König die richtigen Schlussfolgerungen ziehen und in Juda eine nationale Bußbewegung einleiten wird.

Aber sie wissen auch, dass Baruch zu nahe an Jeremia dran ist, als dass es einen Sinn gehabt hätte, ihn direkt mit der Schriftrolle vor den König zu bringen. Sie wissen auch, dass er und der Prophet wegen ihrer prophetischen Aktivität in höchster Lebensgefahr sind. Darum fordern sie Baruch und den Propheten auf, sich an einem unbekannten Ort zu verstecken. Sie selber aber gehen mit der Schriftrolle hinein zum König:

Jer. 36,20–28.32: „**20** Sie aber gingen hinein zum König in den Vorhof und ließen die Schriftrolle verwahren in der Halle Elischamas, des Schreibers, und teilten dem König alle diese Worte mit. **21** Da sandte der König den Jehudi, die Schriftrolle zu holen. Der nahm sie aus der Halle Elischamas, des Schreibers. Und Jehudi las dem König vor und allen Oberen, die bei dem König standen. **22** Der König aber saß im Winterhause vor dem Kohlenbecken; denn es war im neunten Monat. **23** Wenn aber Jehudi drei oder vier Spalten gelesen hatte, schnitt er sie ab mit einem Schreibmesser und warf sie ins Feuer, das im Kohlenbecken war, bis die Schriftrolle ganz verbrannt war im Feuer. **24** Und niemand entsetzte sich und zerriß seine Kleider, weder der König noch seine Großen, die doch alle diese Worte gehört hatten. **25** Und obwohl Elnatan, Delaja und Gemarja den König baten, er möge die Schriftrolle nicht verbrennen, hörte er nicht auf sie. **26** Dazu gebot der König Jerachmeel, dem Königssohn, und Seraja, dem Sohn Asriëls, und Schelemja, dem Sohn Abdeels, sie sollten Baruch, den Schreiber, und Jeremia, den Propheten, ergreifen. Aber der HERR hatte sie verborgen. **27** Nachdem der König die Schriftrolle verbrannt hatte, auf die Baruch die Worte geschrieben hatte, wie Jeremia sie ihm sagte, geschah des HERRN Wort zu Jeremia: **28** Nimm dir eine neue Schriftrolle und schreibe auf sie alle vorigen Worte, die auf der ersten Schriftrolle standen, die Jojakim, der König von Juda, verbrannt hat. – **32** Da nahm Jeremia eine andere Schriftrolle und gab sie Baruch, dem Sohn Nerijas, dem Schreiber. Der schrieb darauf, so wie ihm Jeremia vorsagte, alle Worte, die auf der Schriftrolle gestanden hatten, die Jojakim, der König von Juda, im Feuer hatte verbrennen lassen; und es wurden zu ihnen noch viele ähnliche Worte hinzugetan."

Der Schuss ging ganz nach hinten los – leider. Was geplant war als Aktion zur Rettung der Nation, wurde zu einem hohnvollen Desaster. Der König bekam seine Schriftlesung – aber was er hörte, gefiel ihm gar nicht. Ja, er hatte sogar einen wahren Hass auf das Wort Gottes. Er verachtete es ausdrücklich und vernichtete es. Er wollte es nicht hören. Und seine Oberen waren hin- und hergerissen zwischen Loyalität ihrem König gegenüber und der Furcht vor Gott. Aber sie fürchteten alle um ihre Posten; darum ließen sie den König gewähren. Sie hatten lieber die Ehre bei den Menschen als die Ehre bei Gott. Zwar machen drei von ihnen einen schüchternen Versuch, das Zerschneiden und Verbrennen der Schriftrolle zu verhindern – aber umsonst. Das Wort Gottes musste ausradiert werden. Und die Boten Gottes am besten gleich mit dazu!

Es tut weh, diese Geschichte zu lesen. Auch sie ist wieder ein so deutliches Spiegelbild unserer Zeit. Wenn manche unserer Zeitgenossen könnten, würden sie das Wort Gottes ja am liebsten auch zerschneiden und verbrennen! Das Wort Gottes mit seinen ethischen Maßstäben, die oft so ganz anders sind als das, was unsere Zeit als gültig haben will. Das Wort Gottes, das dem Zeitgeist an so vielen Punkten widerspricht. Und ach, selbst im Volk Gottes ist vielen ein Ärgernis, was im Wort Gottes steht! Sie wollen lieber, dass ihre eigenen, verdrehten Ideen gelten sollen. Darum muss das Wort Gottes weg – mit noch weicherer Übersetzung, mit noch geschlechtergerechterer Sprache und ähnlichem Unsinn. Und am besten muss es ganz weg, mitsamt denen, die es verkündigen!

Aber das Ärgerliche ist: Die Bibel kriegen sie vielleicht von der Bildfläche, und die Boten Gottes über kurz oder lang auch – aber das Wort Gottes *als solches* bleibt bestehen. Das kriegen sie nicht weg, auch mit noch so vielen Repressalien und staatlichem Druck nicht. Die Wahrheit lässt sich nicht aus der Welt schaffen, auch nicht per Gesetz oder Mehrheitsbeschluss!

Doch Baruch lässt sich noch weiter charakterisieren:

3. Ein geschmähter Begleiter

Jer. 43,1–7: „**1** Als Jeremia dem ganzen Volk alle Worte des HERRN, ihres Gottes, ausgerichtet hatte, wie ihm der HERR, ihr Gott, alle diese Worte an sie befohlen hatte, **2** sprachen Asarja, der Sohn Hoschajas, und Johanan, der Sohn Kareachs, und alle aufsässigen Männer zu Jeremia: Du lügst! Der HERR, unser Gott, hat dich nicht zu uns gesandt und gesagt: »Ihr sollt nicht nach Ägypten ziehen, um dort zu wohnen«, **3** sondern Baruch, der Sohn Nerijas, beredet dich zu unserm Schaden, damit wir den Chaldäern übergeben werden und sie uns töten oder nach Babel wegführen. **4** Da gehorchten Johanan, der Sohn Kareachs, und alle Hauptleute des Heeres samt dem ganzen Volk der Stimme des HERRN nicht, daß sie im Lande Juda geblieben wären, **5** sondern Johanan, der Sohn Kareachs, und alle Hauptleute des Heeres nahmen zu sich alle Übriggebliebenen von Juda, die von allen Völkern, wohin sie geflohen, zurückgekommen waren, um im Lande Juda zu wohnen, **6** nämlich Männer, Frauen und Kinder, dazu die Königstöchter und alle übrigen, die Nebusaradan, der Oberste der Leibwache, bei Gedalja, dem Sohn Ahikams, des Sohnes Schafans, gelassen hatte, und auch den Propheten Jeremia und Baruch, den Sohn Nerijas. **7** Und sie zogen nach Ägyptenland, denn sie wollten der Stimme des HERRN nicht gehorchen, und kamen nach Tachpanhes."

Diese Geschichte spielt nun in einer Zeit, in der alle die schrecklichen Gerichtsworte Jeremias längst furchtbare Wirklichkeit geworden sind. Niemand hat auf seine Worte gehört. Niemand ergab sich den heranstürmenden und die Stadt belagernden babylonischen Horden. Und nun liegt Jerusalem in Trümmern, der Tempel ist zerstört, das Königshaus fast ausgelöscht.

Jeremia und Baruch sind davongekommen, weil sie in den Augen der Babylonier zum Richtigen geraten haben – nämlich zur Kapitulation.

Mittlerweile ist der jüdische Statthalter der Babylonier, *Gedalja*, feige ermordet worden. Nun hat das Volk Angst vor der Rache der Chaldäer. Darum beschließen sie, nach Ägypten hinabzuziehen.

Jeremia spricht dagegen – aber es ist, wie es immer war: die Anführer des Volkes wissen es besser.

Und beachtet, wie Baruch, weil er es mit Jeremia hält, hier unter bösen Verdacht gerät: *er* wird dargestellt als die treibende Kraft hinter dem Propheten Jeremia; es wird ihm nachgesagt, *er* würde beständig davon abraten, nach Ägypten zu ziehen.

Aber auch das ist alles nichts Neues, und so war es auch später zur Zeit Jesu, und so ist es geblieben bis heute. Diejenigen, bei denen man sich eigentlich bedanken sollte, weil sie mit geistlichem Klarblick den rechten Weg weisen, werden schnell und gerne als Dummköpfe hingestellt, als Volksverführer und Volksverräter. Aber das sind eben Dinge, mit denen du und ich rechnen müssen. Jesus hat für diesen Sachverhalt sehr bezeichnende Worte gefunden:

Luk. 6,26: „Weh euch, wenn euch jedermann wohlredet! Denn das gleiche haben ihre Väter den falschen Propheten getan."

Und in der Bergpredigt sagt er:

Matth. 5,11–12: „11 Selig seid ihr, wenn euch die Menschen um meinetwillen schmähen und verfolgen und reden allerlei Übles gegen euch, wenn sie damit lügen. 12 Seid fröhlich und getrost; es wird euch im Himmel reichlich belohnt werden. Denn ebenso haben sie verfolgt die Propheten, die vor euch gewesen sind."

So ist auch Baruch den Weg aller wahren Kinder Gottes geführt worden. Es ist sinnlos, dem Kreuz ausweichen zu wollen. Früher oder später holt es uns ein, wenn wir dem Herrn treu bleiben wollen. Allerdings kommt mit dem Kreuz auch die Verheißung, mit dem Leiden die höhere Hoffnung. Doch gehören diese Dinge untrennbar zueinander. Man kann nicht das eine haben wollen ohne das andere. Wer die Krone will, muss auch das Kreuz wollen! Wer von Jesus belohnt werden will, muss auch bereit sein, den Hass der Welt zu ertragen! Willst du das?
Der Schlusspunkt unserer Betrachtung geht auch in diese Richtung:

4. Ein zum Leben Begnadigter

Die letzte Gelegenheit, bei der uns Baruch begegnet, offenbart vielleicht, dass sein Herz nicht ganz rein war von ehrgeizigen und selbstsüchtigen Motiven. Aber sie zeigt auch, wie Gott in seiner Gnade über das Menschliche in Baruch hinwegstieg:

Jer. 45,1–5: „**1** Dies ist das Wort, das der Prophet Jeremia zu Baruch, dem Sohn Nerijas, redete, als er die Worte, wie Jeremia sie ihm sagte, auf eine Schriftrolle schrieb, im vierten Jahr Jojakims, des Sohnes Josias, des Königs von Juda: **2** So spricht der HERR Zebaoth, der Gott Israels, über dich, Baruch: **3** Du sprichst: Weh mir, wie hat mir der HERR Jammer zu meinem Schmerz hinzugefügt! Ich seufze mich müde und finde keine Ruhe. **4** Sage ihm: So spricht der HERR: Siehe, was ich gebaut habe, das reiße ich ein, und was ich gepflanzt habe, das reiße ich aus, nämlich dies mein ganzes Land. **5** Und du begehrst für dich große Dinge? Begehre es nicht! Denn siehe, ich will Unheil kommen lassen über alles Fleisch, spricht der HERR; aber dein Leben sollst du wie eine Beute davonbringen, an welchen Ort du auch ziehst."

Das ganz große, gnädige Wort Gottes an Baruch erfolgte schon lange bevor die Stadt in die Hände der Chaldäer fiel, schon zu den Lebzeiten des Königs Jojakim. Es ist etwas Schönes, was uns hier geschildert wird. Noch als der treue Baruch damit beschäftigt ist, Gottes Wort durch Jeremia aufzuzeichnen, erlebt er, dass Gott ihm durch seinen „Chef" ein ganz persönliches Wort zuteil werden lässt.
Ich weiß nicht genau, welchen Schmerz Baruch schon hatte, zu dem ihm der Herr noch Jammer hinzugefügt hat. Aber es scheint, dass auch Baruch sein Paket an Leiden zu

tragen hatte, genau wie der Prophet selbst. Vielleicht litt er wie Jeremia unter den gottlosen Zuständen im Volk oder gar in der eigenen Familie. Und nun zu alledem noch die Schriftrolle mit ihrem brisanten Inhalt, und mit allem, was aus ihrer Existenz und Verlesung folgen sollte! Ich glaube, in der Tiefe seines Herzens hatte Baruch Angst – Angst, dass er mit in den Strudel des Untergangs gerissen werden könnte. Was es bedeutet, dass er für sich große Dinge begehrte, lässt sich nicht genau feststellen. Ob er in der Tiefe seines Herzens irgendwelchen ehrgeizigen Plänen nachhing, ob er irgendwelche imaginären Zukunftshoffnungen hegte? Die Bibel schweigt sich darüber aus.

Aber Gott tadelt ihn dafür und sagt: Baruch, lass' das bleiben, denn ich werde bald das ganze Land in Schutt und Asche legen. Dann sind die Zukunftsträume aller dahin – auch deine! Sie werden sich auflösen wie die Staubwolken der zusammenbrechenden Gebäude.

Doch die Verheißung für Baruch lautet: „Wohin du auch ziehst – du wirst dein Leben wie eine Beute davonbringen. Ich werde meine Hand über dich halten und dafür sorgen, dass du am Leben bleibst. Fürchte dich nicht!"

War das nicht ein schöner Trost für den geplagten und innerlich zerrissenen Baruch? Fühlt man sich nicht unwillkürlich erinnert an die Worte aus dem **91. Psalm**:

Ps. 91,7+8.14–16: „**7** Wenn auch tausend fallen zu deiner Seite und zehntausend zu deiner Rechten, so wird es doch dich nicht treffen. **8** Ja, du wirst es mit eigenen Augen sehen und schauen, wie den Gottlosen vergolten wird. – **14** »Er liebt mich, darum will ich ihn erretten; er kennt meinen Namen, darum will ich ihn schützen. **15** Er ruft mich an, darum will ich ihn erhören; ich bin bei ihm in der Not, ich will ihn herausreißen und zu Ehren bringen. **16** Ich will ihn sättigen mit langem Leben und will ihm zeigen mein Heil.«„

Ich kann dir nicht versprechen, dass Gott *dich* in ähnlicher Weise behüten und beschützen wird – denn das eine war wirklich ein sehr persönliches Wort an Baruch, und die Psalmverse gehören mit unter die Worte Jesu: „Wer es fassen kann, der fasse es!" Aber wir dürfen dennoch ruhig werden in dem Wissen, dass Gott keine Fehler macht, was immer er auch zulässt, und dass uns nichts begegnen wird, was nicht zuvor an ihm vorbeigeht.

Baruch – ein treuer Verwalter, ein mutiger Zeuge, ein geschmähter Begleiter und ein zum Leben Begnadigter – wieviel hat doch diese Gestalt auch dir und mir zu sagen! Betrachte ihn noch einmal in einer ruhigen Stunde, und gib Gott eine Antwort, ob du bereit bist, denselben Weg geführt zu werden wie er! Wenn ja, wirst du zwar auch das Leiden der Kinder Gottes haben, aber auch alle ihre Verheißungen und Segnungen!

Die Rechabiter

Die folgende Geschichte möchte ich abschnittsweise lesen und besprechen. Um sie zu gliedern, halte ich mich an die sich von selbst ergebende Aufteilung des Kapitels. Und so heißt der erste Punkt dieser Betrachtung:

1. Der Auftrag Gottes an Jeremia

Jer. 35,1+2: „**1** Dies ist das Wort, das vom HERRN geschah zu Jeremia zur Zeit Jojakims, des Sohnes Josias, des Königs von Juda: **2** Geh hin zu den Rechabitern, rede mit ihnen und führe sie in des HERRN Haus, in eine der Hallen, und schenke ihnen Wein ein."

Jeremia, das ist jener große Prophet der Heiligen Schrift, der von ca. 627–570 v.Chr. wirkte. Seine Amtszeit überschnitt sich mit der Regierungszeit der judäischen Könige *Josia, Joahas, Jojakim, Jojachin und Zedekia*. Ein großes Merkmal dieses Propheten bestand darin, dass er mehr als zwei Jahrzehnte dem Volk völlig erfolglos predigte (vgl. **Jer. 25,3**). Er versuchte verzweifelt, sie zur Verehrung des Gottes ihrer Väter und dessen Geboten zurückzurufen. Aber es war alles vergebens. Unser Kapitel reiht sich auf seine Weise in diese erfolglosen Versuche ein.

Jojakim, der Sohn *Josias*, des letzten gottesfürchtigen Königs in Juda, regierte von 609–597 v.Chr. Ursprünglich hieß er *Eljakim*, aber der ägyptische Pharao *Necho*, der ihn einsetzte, wandelte seinen Namen um in Jojakim und machte ihn anstelle seines Bruders *Joahas* zum König.

Aber Jojakim war ein gottloser Mann, wie alle Könige, die nach Josia noch kamen. Darum hatte Jeremia ihm und seinem Volk nichts Gutes zu prophezeien.

In unserem Text ergeht nun neuerlich auf geheimnisvolle Weise das Wort Gottes an Jeremia. Er soll zu den sogenannten *Rechabitern* gehen, sie in den Jerusalemer Tempel führen, dort in eines der Nebengebäude, eine sogenannte „Halle" oder „Zelle", und ihnen Wein einschenken, und zwar wahrscheinlich buchstäblich reinen, unvermischten!

Die Rechabiter stammten vermutlich von den sogenannten *Kenitern* ab, einem midianitischen Stamm, von dem ein Teil mit Israel in Kanaan eingefallen und später in den Stamm Juda aufgenommen worden war.

Nun mutet der Auftrag, den Gott dem Jeremia erteilte, auf den ersten Blick ein wenig seltsam an. Als Leser verstehen wir zu Beginn dieses Kapitels nicht, warum Jeremia diese Leute in ein Nebengebäude des Tempels führen und ihnen dort Wein zu trinken geben soll. Vielleicht hat Jeremia es auch nicht verstanden.

Aber solche merkwürdigen Aufträge erteilte Gott seinen Propheten oft, vor allem im Bereich der sogenannten „zeichenhaften Handlungen". Ich nenne einige berühmte Beispiele:

- Als *Zeichen* ging *Jesaja* drei Jahre lang „nackt und barfuß" wie ein Knecht, um die künftige Knechtschaft der Ägypter und Äthiopier (Kuschiter) darzustellen **(Jes. 20)**.
- *Jeremia* zerbrach einen irdenen Krug vor den Ältesten des Volks, um zu betonen: wie der Krug vollkommen zerschmettert worden war, so würde auch die Stadt Jerusalem zerschmettert werden **(Jer. 19,1–13)**.
- *Hesekiel* erhielt den Befehl, eine Tontafel zu nehmen und darauf den Grundriss der Stadt Jerusalem einzuzeichnen. Er sollte danach die Stadt „belagern" mit

Angriffsrampen usw. und sie feindlich anblicken. So sollte den Israeliten deutlich gemacht werden, was ihnen bevorstand **(Hes. 4)**.
- *Hosea* wurde befohlen, eine Hure zu heiraten. Später musste er sie sogar aus der Sklaverei freikaufen. Dies sollte die Liebe Gottes für sein untreues Volk symbolisieren.

Und im Grunde genommen ist auch die Aktion in **Jer. 35** eine ähnliche Handlung. Auch sie hat zeichen- und gleichnishafte Bedeutung, wie wir bald sehen werden.

Ich weiß nicht, ob du verspürst, dass Gott *dir* einen ähnlichen, seltsamen Auftrag erteilt wie einst seinen Propheten. Es muss ja nicht gleich ein so spektakulärer sein. Aber vielleicht erscheint uns ja schon der Missionsauftrag als eine seltsame Sache. Was – ich soll hingehen und meinen Verwandten, Arbeitskollegen und Nachbarn in geistlicher Weise zu essen und zu trinken vorsetzen? Das ist ja schon eine Zumutung und Herausforderung. Zumal man noch nicht einmal weiß, wie sie reagieren werden!

Macht nichts – egal, ob sie sich freuen oder verärgert sind – Gott heißt uns, den Menschen, mit denen wir es zu tun haben, das Evangelium zu bezeugen. Und das ist angesichts der ganzen Grundausrichtung unserer Tage ein mehr als merkwürdiger Auftrag!

Vielleicht aber sieht ein solcher Auftrag Gottes an dich auch ganz anders aus. Ich sprach neulich mit einem Mann, der genau weiß, dass er einige Diebstähle in Ordnung bringen muss, die er in seiner Jugend begangen hat. Es fällt ihm keineswegs leicht, das zu tun. Aber er weiß: es ist dran, Gott ruft mich dazu.

Was für ein Auftrag es auch immer sein mag, den Gott dir und mir erteilt – lass' uns von Jeremia lernen: *er gehorchte*. – Und schon folgt:

2. Die Aufforderung an die Rechabiter

Jer. 35,3–5: „3 Da nahm ich Jaasanja, den Sohn Jirmejas, des Sohnes Habazzinjas, samt seinen Brüdern und allen seinen Söhnen, und das ganze Geschlecht der Rechabiter 4 und führte sie in des HERRN Haus, in die Halle der Söhne Hanans, des Sohnes Jigdaljas, des Mannes Gottes, die neben der Halle der Oberen ist, über der Halle Maasejas, des Sohnes Schallums, des Torhüters. 5 Und ich setzte den Männern vom Hause Rechab Krüge voll Wein und Schalen vor und sprach zu ihnen: Trinkt Wein!"

Jaasanja scheint so etwas wie ein Sippenoberhaupt gewesen zu sein; deswegen wird er hier auch besonders erwähnt. Ihn, seine Söhne, deren Onkel und überhaupt das ganze Geschlecht der Rechabiter führte Jeremia in den Tempel. Dort in die Halle oder das Nebengebäude eines Mannes namens *Hanan*, der vermutlich ein Prophet gewesen war (vgl. **Jer. 28,1**) und Prophetenjünger gehabt hatte. Die Lage der Halle wird noch genauer angegeben: „neben der Halle der Oberen", und „über der Halle" eines Mannes namens *Maaseja*, der vermutlich einer der drei Tor- oder Schwellenhüter des Tempels war („Torhüter" meint nicht „Fußballer"!). Es gab jeweils einen am Eingang zum Vorhof, zum inneren Hof und am Eingang zum Tempelgebäude selbst.

Dann tat Jeremia das, was ihm eigentlich befohlen worden war: Er stellte Krüge voll Wein, und Schalen oder Becher vor die Rechabiter hin und befahl ihnen, Wein zu trinken. Schon sind wir beim nächsten Punkt:

3. Die Antwort der Rechabiter

Jer. 35,6–11: „**6** Sie aber antworteten: Wir trinken keinen Wein; denn unser Vater Jonadab, der Sohn Rechabs, hat uns geboten: Ihr und eure Nachkommen sollt niemals Wein trinken **7** und kein Haus bauen, keinen Samen säen, keinen Weinberg pflanzen noch besitzen, sondern ihr sollt in Zelten wohnen euer Leben lang, auf dass ihr lange lebet in dem Lande, in dem ihr umherzieht. **8** Also gehorchen wir der Stimme unseres Vaters Jonadab, des Sohnes Rechabs, in allem, was er uns geboten hat, dass wir keinen Wein trinken unser Leben lang, weder wir noch unsere Frauen noch unsere Söhne und Töchter; **9** und wir bauen auch keine Häuser, darin zu wohnen, und haben weder Weinberge noch Äcker noch Samen, **10** sondern wir wohnen in Zelten und gehorchen und tun in allem, wie es unser Vater Jonadab geboten hat. **11** Als aber Nebukadnezar, der König von Babel, gegen das Land heraufzog, sprachen wir: Kommt, lasst uns nach Jerusalem ziehen vor dem Heer der Chaldäer und der Aramäer! Und so sind wir in Jerusalem geblieben."

Wenn im **6. Vers** steht, dass die Rechabiter *Jonadab* ihren Vater nannten, dann meinten sie damit nicht ihren buchstäblichen, leiblichen Vater, sondern jenen *Jonadab, den Sohn Rechabs*, von dem in **2. Kön. 10,15+16** die Rede ist. Dort heißt es:

2. Kön. 10,15+16: „**15** Und als er von dort weiterzog, traf er Jonadab, den Sohn Rechabs, der ihm begegnete. Und er grüßte ihn und sprach zu ihm: Ist dein Herz aufrichtig gegen mich wie mein Herz gegen dein Herz? Jonadab sprach: Ja. Da sprach Jehu: Wenn es so ist, dann gib mir deine Hand! Und Jonadab gab ihm seine Hand. Und Jehu ließ ihn zu sich auf den Wagen steigen **16** und sprach: Komm mit mir und sieh meinen Eifer für den HERRN! Und er ließ ihn mit sich fahren auf seinem Wagen."

Jehu lebte von ca. 841–814 v.Chr., also ca. 250 Jahre vor dem Ereignis, von dem in **Jer. 35** die Rede ist. Daran merken wir, dass die Rechabiter Jonadab zwar ihren Vater nennen, aber damit im Grunde ihren *Vorfahren oder Ahnherrn* meinen.

Und nun kommt die große Überraschung: *die Rechabiter trinken keinen Wein.* Totale Abstinenzler und Anti-Alkoholiker! Die ersten „Blaukreuzler", mitten im alten Israel! Und warum das? Weil sie selber früher Alkoholiker gewesen und da herausgekommen waren? Nein, aus einem ganz anderen, viel einfacheren Grund: *Der Ahnherr hatte allen seinen Nachkommen zu trinken verboten!* Daran hielten sie sich, ohne Wenn und Aber.

Und nicht nur das: Urgroßvater Jonadab, wie ich ihn einmal nennen möchte, hatte auch verfügt, sie sollten kein Haus bauen, keine Felderwirtschaft betreiben, keine Weinberge pflanzen oder besitzen, sondern: Camping war angesagt, und das ein Leben lang. Wie Abraham ein Leben lang als Nomade umhergezogen war, so sollten es auch die Rechabiter tun. Wir spüren: Urgroßvater Jonadab hatte offensichtlich Angst, dass seine Mannschaft sesshaft werden könnte. Und das wollte er nicht. Sie sollten nicht dick und träge werden. Deswegen hielt er sie auf Wanderschaft und auf Trab!

Bemerkenswert an dem allem sind zwei Dinge:
- *Zum einen* die Tatsache, dass Jonadab so weitblickend gewesen war, dass er die möglichen, verderblichen Folgen des Alkoholgenusses und des Sesshaftwerdens voraussah und deshalb Vorkehrungen traf, um in seiner

Familie diese verhängnisvolle Entwicklung zu verhindern.
- *Zum andern* die Tatsache, dass sich die Rechabiter über Jahrhunderte hinweg an die Gebote ihres Ahnherrn gehalten haben. Natürlich kann es sein, dass das Ganze im Lauf der Jahre zu einer bloßen Tradition verkam, nach dem Motto: „Das haben wir immer so gemacht, und deswegen bleiben wir auch dabei." Aber bemerkenswert ist und bleibt es trotzdem. Ein entfernter Vorfahre befiehlt, und die ganze Sippe gehorcht – über Jahrhunderte hinweg!

Können wir da für uns Heutige etwas mitnehmen? Ich meine schon, und zwar einiges.

Es könnte passieren, dass auch fromme Leute uns im Namen „evangelischer Freiheit" zu Handlungen auffordern, die gegen unsere persönlichen Prinzipien und Grundsätze verstoßen. Das kann zu einer „frommen Versuchung" werden. Was aber nicht aus dem Glauben heraus geschieht, das ist Sünde, sagt Paulus in **Röm. 14,23**.

Und unser Text liefert uns auch gleich das konkrete Beispiel: *Sollen Christen Alkohol trinken oder nicht?* Das ist eine Frage, die in christlichen Gemeinden immer wieder einmal gestellt wird. Was mich betrifft, so würde ich prinzipiell sagen: Ja, sie dürfen. Ich kann aus der Bibel nicht erkennen, dass im Neuen Testament der Alkoholgenuss für Christen grundsätzlich verboten ist. Allerdings werden wir deutlich gewarnt:

Eph. 5,18: „Und sauft euch nicht voll Wein, woraus ein unordentliches Wesen folgt, sondern lasst euch vom Geist erfüllen."

Und wenn Paulus an seinen jungen und etwas kränklichen Mitarbeiter Timotheus schreibt:

1. Tim. 5,23: „Trinke nicht mehr nur Wasser, sondern nimm ein wenig Wein dazu um des Magens willen, und weil du oft krank bist."

...dann sieht man daraus, dass der Weingenuss zumindest bei ihm, aber wahrscheinlich auch bei Paulus nicht gerade das Alltägliche war. Das gilt es bei aller christlichen Freiheit zu beachten.
In vielen amerikanischen Gemeinden hingegen ist der Alkoholgenuss weitgehend tabu. Vielleicht hängt das damit zusammen, dass die Amerikaner in den Zeiten vor und während der sogenannten „Prohibition" soviel Alkoholmissbrauch gesehen haben, dass es ihnen reichte für's Leben. Auf alle Fälle ist es dort in vielen Gemeinden ähnlich wie bei den Rechabitern zur festen Tradition geworden, keinen Alkohol zu trinken.
Und es ist ganz klar: wenn man Leute in der Gemeinde hat, die ehemalige Alkoholiker sind, wird man doppelt und dreifach aufpassen müssen. Denn auch ein „geheilter" Alkoholiker trägt die Sucht potentiell immer in sich. Und wir sind aufgefordert, so zu leben, dass wir unsere Brüder und Schwestern nicht zur Sünde oder zum Rückfall verführen. Deswegen kann es sein, dass man entweder bei bestimmten Anlässen oder überhaupt auf Alkohol verzichten muss. Und trotzdem gilt:

Röm. 14,22: „Den Glauben, den du hast, behalte bei dir selbst vor Gott. Selig ist, der sich selbst nicht zu verurteilen braucht, wenn er sich prüft."

– Das andere ist auch bemerkenswert: *die Furcht des Jonadab, seine Sippe könnte sesshaft werden.* Was lässt sich daraus entnehmen? Nun, vielleicht sind Hausbesitzer unter meinen Lesern, und denen werde ich ja schlecht sagen können: „Ihr müsst sofort eure Häuser verkaufen!" Auch im Neuen Testament sehen wir, dass einige wohlhabende Christen Häuser besaßen – zum Beispiel *Philippus*, der Evangelist. Aber eines ist ganz klar, und das hat Jonadab scharf und deutlich gesehen: ein solcher Besitz birgt immer eine Gefahr in sich. Nämlich die, *dass man sich dran hängt*. Und dass man nicht mehr so leicht wegkommt, nicht mehr beweglich ist, wenn Gottes Direktive eine andere werden sollte. Das ist auf eine Weise ja auch ganz normal und verständlich. Wenn man einen Haufen Geld, Kraft, Zeit und Arbeit in so ein Haus gesteckt hat, möchte man es natürlich auch behalten und genießen. Aber es kann sein, dass man plötzlich nicht mehr recht versteht oder nicht mehr gerne hört, dass die Bibel uns als „Fremdlinge und Pilger" bezeichnet...

Darum, wenn du ein Haus besitzen solltest, prüfe dein Herz: Wie lieb hast du es? Wenn Gott auf den abwegigen Einfall käme, dich heute in die Mission zu rufen, wärst du bereit, es zu verkaufen und zu gehen? Oder würdest du sagen: Das geht doch nicht – nicht jetzt, wo ich grad' ausgebaut und die neue Einrichtung gekauft habe!

Natürlich gilt das Ganze nicht nur für Häuser. Das Prinzip gilt für alle Dinge, die wir besitzen und an denen wir so leicht kleben bleiben wie die Fliegen am Leim. Das kann auch „bloß" eine Eigentumswohnung sein, oder ein liebgewordener Wohnort, oder eine Stellung, oder eine Briefmarkensammlung. Alles, was uns in ungutem Sinne sesshaft werden lässt, alles, was uns unfrei sein lässt für Gottes Aufträge, ist schlecht.

– Und das Dritte, was in diesem Abschnitt bemerkenswert ist, das ist *der Gehorsam dieser Leute ihren Vorfahren gegenüber.* Heute wären wir schon dankbar, wenn nur Kinder ihren Eltern gehorchen würden. Aber das, was früher in diesem Bereich selbstverständlich war, ist es heute keineswegs mehr. Umso erstaunlicher ist es, dass wir hier Leute vor uns haben, denen sogar das *Gebot eines Ahnherrn* noch heilig war!

Frage an diejenigen unter meinen Lesern, die noch Eltern haben: Welche Rolle spielt in deinem Leben das vierte Gebot: „Du sollst deinen Vater und deine Mutter ehren"? Moralinsaure, verstaubte Regel von vorvorgestern? Oder noch ernst genommen als Gottes Gebot und Auftrag auch an uns Heutige?

Im **11. Vers** wird uns noch berichtet, dass die Rechabiter aufgrund einer äußeren Notlage in jenen Tagen von ihrer Regel des Umherziehens etwas abgewichen waren. Es handelte sich dabei wirklich um eine außergewöhnliche Situation: *Nebukadnezar von Babylon* belagerte im Jahr 597 v.Chr. Jerusalem. Das waren keine normalen Zeiten. Darum hatten sich die Rechabiter innerhalb der Stadtmauern Jerusalems begeben und für die Dauer der Belagerung ihre Zelte *dort* aufgeschlagen.

Man darf diese Aktion nicht missverstehen. Sie waren immer noch Nomaden. Sie wollten nicht sesshaft werden. Es hatte nur eine Anpassung an die gegenwärtige Notsituation gegeben. Vielleicht kann man daraus von ihnen lernen, dass auch wir manchmal Anpassungen an die Gegebenheiten und an die Situation unserer Zeit vornehmen müssen – beispielsweise im *Stil* unseres Gemeindelebens oder unserer missionarischen Annäherung an Nichtchristen –, ohne deswegen „hypermodern" oder gar gottlos zu werden, unsere

Grundsätze und Prinzipien zu verraten und irgendwelche Kompromisse einzugehen!

Man sieht: in diesen wenigen Versen steckt schon viel Stoff zum Nachdenken. Aber wir sind noch nicht am Ende:

4. Die Rede an die Abtrünnigen von Juda

Jer. 35,12–17: „**12** Da geschah des HERRN Wort zu Jeremia: **13** So spricht der HERR Zebaoth, der Gott Israels: Geh hin und sprich zu den Männern von Juda und zu den Bürgern von Jerusalem: Wollt ihr euch denn nicht bessern und meinen Worten gehorchen? spricht der HERR. **14** Die Worte Jonadabs, des Sohnes Rechabs, der seinen Nachkommen geboten hat, dass sie keinen Wein trinken sollen, werden gehalten, und sie trinken keinen Wein bis auf diesen Tag; denn sie gehorchen ihres Vaters Gebot. Ich aber habe euch a immer wieder predigen lassen, doch gehorchtet ihr mir nicht. **15** Ich habe auch immer wieder alle meine Knechte, die Propheten, zu euch gesandt und sagen lassen: Kehrt um, ein jeder von seinem bösen Wege, und bessert euer Tun und folgt nicht andern Göttern nach, ihnen zu dienen, so sollt ihr in dem Lande bleiben, das ich euch und euren Vätern gegeben habe. Aber ihr wolltet eure Ohren nicht zu mir kehren und mir nicht gehorchen. **16** Ja, die Nachkommen Jonadabs, des Sohnes Rechabs, haben ihres Vaters Gebot gehalten, das er ihnen geboten hat. Aber dies Volk gehorcht mir nicht! **17** Darum spricht der HERR, der Gott Zebaoth, der Gott Israels: Siehe, ich will über Juda und über alle Bürger Jerusalems kommen lassen all das Unheil, das ich gegen sie geredet habe, weil ich zu ihnen redete und sie nicht hören wollten, weil ich rief und sie mir nicht antworten wollten."

Nun wird vielleicht verständlicher, warum man Jeremias Aktion als gleichnishafte oder zeichenhafte Handlung einstufen könnte. Was er hier macht, das ist im Grunde genommen der Schluss vom Kleineren aufs Größere. Er sagt den Männern von Juda und den Bürgern von Jerusalem: „Schaut her, hier sind Leute, die ein menschliches Gebot gehört und es über Jahrhunderte hinweg gehalten haben. Und euch, euch haben ich und andere über lange Zeit hinweg Gottes Gebote gepredigt. Ich habe euch immer wieder einzuschärfen versucht, was der gute und richtige Weg ist. Und ich habe versucht, euch von euren Götzen und von eurer jämmerlichen Abgötterei zurückzurufen unter Gottes Herrschaft. Aber ihr habt nicht gewollt. Es war alles für die Katz'. Nun seid es auch ihr: wie die Katze die Mäuse fängt und auffrisst, so werden die Babylonier über euch kommen und euch in übertragenem Sinne auffressen!"

Eigentlich ist das eine ganz schlimme Rede, die Jeremia hier hält. Schlimmeres kann man kaum noch gesagt kriegen. Das ist ein Text, den man unserer Zeit als Spiegel vorhalten könnte. Und nicht nur unserer Zeit oder unserer Gesellschaft, sondern manchmal sogar der Gemeinde Gottes. „Herr, wer glaubt unserem Predigen, und wem ist der Arm des Herrn offenbart?" (**Jes. 53,1**).

Wenn der Karren da und dort so weiterfährt wie jetzt, gibt es am Ende einen großen Knall. Wenn wir an manchen Stellen so weitermachen wie bisher, ist die Kollision mit dem Zorn Gottes vorprogrammiert.

Spr. 29,1: „Wer gegen alle Warnung halsstarrig ist, der wird plötzlich verderben ohne alle Hilfe."

Gal. 6,7+8: „**7** Irret euch nicht! Gott lässt sich nicht spotten. Denn was der Mensch sät, das wird er ernten. **8** Wer auf sein Fleisch sät, der wird von dem Fleisch das Verderben ernten; wer aber auf den Geist sät, der wird von dem Geist das ewige Leben ernten."

Und darum ist unsere Zeit so ernst. Darum sollten wir aufhören, Glauben und Christentum nur zu *spielen*. Und eine nichtchristliche Welt rufen wir zur Buße, zur Umkehr, und zum Gehorsam gegenüber dem Befehl Gottes: „Glaubt an meinen Sohn!"
Das war eine ernste Rede. Damit wir nun aber nicht in Trübsal versinken, auch wenn ich vom Ernst und der Schwere des soeben Gesagten nichts wegnehmen will, folgt nun noch:

5. Die Verheißung an die Rechabiter

Jer. 35,18+19: „**18** Aber zu den Rechabitern sprach Jeremia: So spricht der HERR Zebaoth, der Gott Israels: Weil ihr dem Gebot eures Vaters Jonadab gehorcht habt und alle seine Gebote gehalten und alles getan, was er euch geboten hat, **19** darum spricht der HERR Zebaoth, der Gott Israels: Es soll dem Jonadab, dem Sohn Rechabs, niemals an einem Manne fehlen, der vor mir steht."

Ist das nicht schön? Ist das nicht wunderbar? Wir lesen in **2. Mose 20,12**:

„Du sollst deinen Vater und deine Mutter ehren, auf dass du lange lebest in dem Lande, das dir der HERR, dein Gott, geben wird."

Paulus greift dieses Gebot im Neuen Testament im Epheserbrief wieder auf:

Eph. 6,2–3: „**2** »Ehre Vater und Mutter«, das ist das erste Gebot, das eine Verheißung hat: **3** »auf dass dir's wohlgehe und du lange lebest auf Erden«."

Gott erfüllt seine Verheißungen zuverlässig – so auch hier in unserer Geschichte. Wenn du und ich Vater und Mutter geehrt haben oder ehren, werden wir den Segen davon erleben. Dieses „Ehren der Eltern" wird unterschiedlich ausfallen. Manche haben ein gutes Verhältnis und finden es nicht schwer, das zu tun; bei anderen ist das problematischer. Und die einen haben im Alter nicht viel Arbeit mit ihren Eltern, andere gehen durch eine jahrelange und unter Umständen sehr mühevolle Pflege.

Was zu tun ist, das tu' nach Möglichkeit, und behalte in jedem Fall im Hinterkopf, dass Gott ein Auge darauf hat, wie du dich verhältst. Und er wird es dir lohnen, wenn du es recht machst. Für die einen unter uns ist das schon Vergangenheit, für die anderen vielleicht ganz akut, und wieder andere haben es in den kommenden Jahren noch vor sich. Wenn es so ist, vergiss **2. Mose 20** und **Eph. 6** nicht! –

Was waren die Lehren dieses Kapitels?

a) Gottes Aufträge sind manchmal ungewöhnlich. Trotzdem sollten wir sie ausführen.

b) Eine Aufforderung kann falsch sein, selbst wenn sie von einem frommen Menschen an uns ergeht. Dann hilft nur Widerstand.

c) Jonadab wollte seine Sippe vor Alkoholsucht und falscher Sesshaftigkeit bewahren. Auch wir haben solche Bewahrung nötig.

d) Veränderte Verhältnisse erfordern manchmal gewisse Anpassungen, ohne dass Grundlagen aufgegeben werden.
e) Bei Halsstarrigkeit gegenüber Gott ist das Gericht unvermeidlich.
f) Wer das vierte Gebot beachtet, wird auch dessen Segen erleben.

Ein steinalter Text, aber hochaktuell, findest du nicht?

Ebed-Melech

Nun möchte ich dir einen Mann vorstellen, der in nicht allzu vielen Texten der Bibel vorkommt; eigentlich nur in zweien. Um ihm zu begegnen, begeben wir uns wieder in die Zeit des Propheten Jeremia, also ungefähr in die Zeit zwischen 630 und 570 vor Christus. Und ich werde zum besseren Verständnis bei der Erklärung unserer Geschichte ein wenig ausholen.

Das abtrünnige Königreich Juda liegt in den letzten Zügen. Es hat in *Zedekia*, dem Nachfolger des unglücklichen Jojachin, seine letzte gottlose Herrschergestalt gefunden. Elf Jahre lang wird dieser Mann regieren. Danach wird er in seiner Vermessenheit vom König von Babel, der Juda bereits in seiner Hand hat, abfallen. Damit wird er ein furchtbares Gericht über sich, sein Haus und das ganze Südreich heraufbeschwören – so, wie es ihm vorhergesagt worden war.

Wie es ihm vorhergesagt worden war? Ja. Denn inmitten des von Gott und Nebukadnezar abgefallenen Königreiches Juda gab es einen Mann, der mehr als zwei Jahrzehnte völlig erfolglos dem Volk und seinen Königen ihre Gottlosigkeit vorgehalten hatte. Das war der Prophet *Jeremia*, von Gott beauftragt und gesandt. Er war eine tragische Gestalt, eine Elendsfigur. Immer wieder hatte er klipp und klar prophezeit, dass ein schreckliches Unheil hereinbrechen würde, wenn die Nation nicht zu Gott umkehrte. Aber es war schon zu spät. Niemand glaubte ihm mehr. Im Gegenteil. Lies mit mir **Jer. 38,1–3**, und damit bin ich beim ersten Punkt unserer Betrachtung:

1. Die Verwerfung Jeremias durch Zedekia

„**1** Es hörten aber Schefatja, der Sohn Mattans, und Gedalja, der Sohn Paschhurs, und Juchal, der Sohn Schelemjas, und Paschhur, der Sohn Malkijas, die Worte, die Jeremia zu allem Volk redete. **2** So spricht der Herr: Wer in dieser Stadt bleibt, der wird durch Schwert, Hunger und Pest sterben müssen; wer aber hinausgeht zu den Chaldäern, der soll am Leben bleiben und wird sein Leben wie eine Beute davonbringen. **3** Denn so spricht der Herr: Diese Stadt soll übergeben werden dem Heer des Königs von Babel, und es soll sie einnehmen."

Wir werden hier ganz unvermittelt in das Reden Jeremias zum Volk hineingenommen. Wenn man die relative Übergangslosigkeit von **V. 1** zu **V. 2** betrachtet, fühlt man sich fast erinnert an eine Direktübertragung aus Radio oder Fernsehen. Plötzlich ist der Originalton da. Und wir verstehen auch sofort, warum Jeremias Botschaft bei seinen Zeitgenossen keine Begeisterungsstürme hervorrief.
Der erste Teilsatz, der uns hier übermittelt wird, enthält eine demütigende Nachricht. Nichts ist es mit großem und glänzendem Sieg durch Tapferkeit und militärische Stärke. Jeremia verkündigt: „Gebt euch ja keinen Illusionen hin! Wenn ihr an dieser preisgegebenen Stadt festhalten wollt, werdet ihr durch Gewalt, Auszehrung und Krankheit mit in ihren Untergang hineingerissen werden!"
Der zweite Teilsatz von Jeremias Botschaft enthält eine scheinbar unvernünftige Nachricht. *Wer sich ergibt, der soll gerettet werden.* Das war eine in jeder Hinsicht riskante Behauptung. Sie ließ viele Fragen auftauchen. War Jeremia nur der vorgeschobene Posten des Feindes mit religiös verbrämter Kapitulationsaufforderung? Und selbst wenn es

nicht so war und Jeremia wirklich als Bote Gottes auftrat – wer garantierte, dass seine Behauptung stimmte? Man brauchte viel Mut und Glauben, um Jeremias Verkündigung zu schlucken!

V. 2 in unserer Geschichte klingt fast wie eine alttestamentliche Vorwegnahme des Satzes Jesu: „Wer sein Leben erhalten will, der wird's verlieren; wer aber sein Leben verliert um meinetwillen, der wird's erhalten."
Und Jeremia unterstreicht dies in V. 3 noch einmal ausdrücklich und wiederholt im Namen Gottes, dass die Stadt wirklich zerstört werden soll.
V. 4: „Da sprachen die Oberen zum König: Lass doch diesen Mann töten; denn auf diese Weise nimmt er den Kriegsleuten, die noch übrig sind in dieser Stadt, den Mut, desgleichen dem ganzen Volk, weil er solche Worte zu ihnen sagt. Denn der Mann sucht nicht, was diesem Volk zum Heil, sondern was zum Unheil dient."

Da siehst du nun ein weiteres Mal das Ergebnis von Jeremias Predigt. Es passt diese Botschaft den hohen Herren, die scheinbar so eifrig gelauscht haben, gar nicht in den Kram. Und sie sind nicht zimperlich: Eiskalt fordern sie den König auf, Jeremia umbringen zu lassen!
Es zeigt sich: jene Geisteshaltung, die später unseren Herrn Jesus Christus ans Kreuz brachte, war schon damals lebendig. Sie ist nicht spezifisch jüdisch, sie ist allgemein menschlich. Das Menschengeschlecht hat das Gericht androhende Reden Gottes noch nie gerne gehört. Es hat immer lieber seine Ohren zugehalten und weggehört. Das „Weg, weg mit dem!" ist uralt; seit dem Sündenfall wurde diese furchtbare Forderung den Boten Gottes gegenüber immer wieder erhoben.

Interessant aber ist die Begründung, mit der das Unrecht gerechtfertigt werden soll: Jeremia sei ein Miesmacher und Entmutiger, heißt es. Der Mann ist ja destruktiv und kontraproduktiv. Mit seiner Gerichtsbotschaft nagt er am Selbstwertgefühl der Leute und hält sie von der Stadtverteidigung und ihren Pflichten ab. Er wird Überläufer aus ihnen machen, wenn es so weitergeht. Mit einem Satz: „Der Mann sucht nicht, was diesem Volk zum Heil, sondern was ihm zum Unheil dient." *Er* ist der eigentliche Schuldige, die Quelle allen Übels – nicht wir oder das Volk und seine sogenannte Gottlosigkeit! – Solche Töne kann man den Boten Gottes gegenüber auch heute hören!

V. 5: „Der König Zedekia sprach: Siehe, er ist in euren Händen; denn der König vermag nichts wider euch."

Da hast du Zedekia, den „Pilatus des Altertums"! Ist es nicht auffallend, wie sehr die Szene hier der Situation bei der Gerichtsverhandlung Jesu ähnelt? Hier ein judäischer König, dort ein römischer Statthalter, aber bei aller äußeren Verschiedenheit ist beiden eines gemeinsam: sie sind gottlos. Und daraus resultiert ihre Schwäche und Rückgratlosigkeit, und so geben sie im einen wie im andern Fall den Mann dahin.

V. 6: „Da nahmen sie Jeremia und warfen ihn in die Zisterne Malkijas, des Königssohnes, die im Wachthof war, und ließen ihn an Seilen hinab. In der Zisterne aber war kein Wasser, sondern Schlamm, und Jeremia sank in den Schlamm."

Das ist der Tiefstpunkt von Jeremias Prophetenamt. Was für eine Demütigung und tiefe Anfechtung muss diese neuerliche Verwerfung, Verurteilung und Einkerkerung für Jeremia gewesen sein! Was für ein Elend kam damit über ihn! Wie schrecklich mag es da unten wohl gewesen sein – in der Finsternis, in der Kälte, im Gestank; im klebrigen Nass, in der modrigen Fäulnis. Armer Jeremia, du hast das Elend dieser Erde reichlich auskosten müssen! Und Hoffnung auf Rettung gab es keine; diesmal, so schien es, hatten die Feinde gründlich und endgültig zugeschlagen. – Doch sie sollten sich täuschen, und damit bin ich beim nächsten Punkt:

2. Jeremias Rettung durch Ebed-Melech

V. 7–10: „7 Als aber Ebed-Melech, der Mohr, ein Kämmerer in des Königs Haus, hörte, dass man Jeremia in die Zisterne geworfen hatte, und der König gerade im Benjamintor saß, **8** da ging Ebed-Melech aus des Königs Haus und redete mit dem König und sprach: **9** Mein Herr und König, diese Männer handeln übel an dem Propheten Jeremia, dass sie ihn in die Zisterne geworfen haben; dort muss er vor Hunger sterben; denn es ist kein Brot mehr in der Stadt. **10** Da befahl der König Ebed-Melech, dem Mohren: Nimm von hier drei Männer mit dir und zieh den Propheten Jeremia aus der Zisterne, ehe er stirbt."

Die Geschichte von Jeremia in der Zisterne lehrt mit aller Deutlichkeit, dass, wo wir endgültig und unwiderruflich am Ende sind, Gott immer noch einen Ausweg hat. Es mag sein, dass du um deines Glaubens willen oder aus sonstigen Gründen in eine ausweglose Situation geraten bist. Und du fühlst, wie du langsam immer tiefer in den Schlamm einsinkst und ein grausiger Tod nach dir greift. Dann lerne von

Jeremia, „dass es dem Herrn nicht schwer ist, durch viel oder wenig zu helfen" **(1. Sam. 14,6)**. Gott kann dich aus einer unmöglichen Lage erretten, selbst dann noch, wenn deine Umgebung und vielleicht sogar du selber für dich keinen Pfifferling mehr geben!
Und nun, wie wurde Jeremia errettet? Gott kümmerte sich um sein bedrohtes Kind durch die Barmherzigkeit eines Farbigen! Was lässt sich über ihn sagen?
Er war ein Mann mit einem interessanten Namen. „Ebed-Melech" = „Knecht des Königs". – Natürlich, das war er buchstäblich. Oder steckt hinter dem Namen etwa noch mehr? Ist er etwa ein Abbild, und zwar von Jesus Christus, dem Knecht Gottes, wie er rettend in das Leben eines Menschen eingreift? –
Er war ein Mann heidnischer Abstammung. Er war ein Farbiger, ein „Mohr", wie Luther übersetzt, vielleicht aus Äthiopien. Unser Herr war kein Farbiger wie Ebed-Melech, aber als Orientale hatte er wohl auch einen dunklen Teint, und somit sind Ebed-Melech und er sich durchaus ähnlich. Und selbst, wenn man diesen Vergleichspunkt nicht gelten lassen will – wurde der Herr Jesus am Kreuz von Golgatha nicht „schwarz" um unsretwillen? Zog er nicht all die Finsternis unserer Sünde auf sich? So kann man auf jeden Fall eine Verbindung zwischen ihm und Ebed-Melechs Hautfarbe herstellen. –
Er war ein Mann in hoher Stellung. – Ein Kämmerer, ein hoher Beamter oder Geschäftsführer im Hause des Königs. –
Er war ein Mann mit Mut. – Es war nicht selbstverständlich, dass er für den geächteten Jeremia eintrat. Er riskierte damit den Verdacht, ein „Sympathisant" des Propheten und seiner Botschaft zu sein. –
Er war ein Mann, der für einen anderen Fürbitte einlegte. Und wie die Fürbitte Ebed-Melechs Jeremia aus

seiner misslichen Lage herausbrachte, so kann auch uns die Fürbitte des auferstandenen Christus im Himmel aus aller Not befreien. Ob Jeremia in seinem dunklen Loch gebetet hat, wissen wir nicht mit Sicherheit, aber es ist höchstwahrscheinlich. Dennoch war das Entscheidende die Fürbitte Ebed-Melechs. – Vielleicht wird es in deinem Fall ähnlich sein. Du magst in deiner Not rufen und schreien, und all das wird bei Gott ins Gewicht fallen. Aber noch schwerwiegender und not-wendender wird das Seufzen eines Höheren um deinetwillen sein, der ein hervorragender und treuer Kämmerer in des Königs Hause ist.

Henry Bosch bemerkt dazu: „*Robert Murray McCheyne*, der beliebte schottische Prediger aus dem letzten Jahrhundert, schrieb einst: «Ich würde nicht eine Million Feinde fürchten, wenn ich Christus für mich im Nebenzimmer beten hörte. Aber die räumliche Entfernung zu ihm macht keinen Unterschied. Er betet jetzt für mich!» Vor einiger Zeit, in einer tiefen persönlichen Krise, erkannte ich die Wahrheit unseres Textes in einer neuen und wundervollen Weise. Satan schien mich von allen Seiten anzugreifen. Ich sah mein Bedürfnis nach mehr Gnade und fühlte, dass alle meine Bitten kraftlos waren. Am nächsten Tage aber war das Problem, das mich so viele Wochen bedrängt hatte, gelöst, und ich wusste, dass dies auf die spezielle Intervention des Herrn zurückging. Nie zuvor war ich mir des hohenpriesterlichen Dienstes des Heilands so bewusst gewesen." Die Fürsprache Ebed-Melechs begründete nach der Freilassung Jeremias sicherlich auch ein ganz neues Verhältnis zwischen dem Königsdiener und dem Propheten, das von Liebe und Dankbarkeit geprägt war. Lass es doch zwischen Jesus und dir ähnlich sein, sobald er dich aus deiner Notlage herausgebracht hat! –

Er war ein Mann mit realistischem Scharfblick. – Ebed-Melech wusste, dass der Prophet Jeremia nicht überleben könnte, wenn er in der Zisterne bliebe. Menschen, die eine nüchterne und realistische Einschätzung vertrackter Situationen haben, sind meistens ein Segen. – **Er war ein Mann, der ein gehorsamer Diener war.** – Er tat das, wozu der König ihn aufforderte.

V. 11–13: „11 Und Ebed-Melech nahm die Männer mit sich und ging in des Königs Haus in die Kleiderkammer und nahm dort zerrissene, alte Lumpen und ließ sie an einem Seil hinab zu Jeremia in die Zisterne. 12 Und Ebed-Melech, der Mohr, sprach zu Jeremia: Lege diese zerrissenen, alten Lumpen unter deine Achseln um das Seil; und Jeremia tat es. 13 Und sie zogen Jeremia herauf aus der Zisterne an den Stricken. Und so blieb Jeremia im Wachthof."

Er war ein Mann mit Teamgeist. – Nun sehen wir, wie Ebed-Melech Mittel und Maßnahmen ergriff, um Jeremia zu retten. Zuerst wählte er sich – wie befohlen – drei starke, kräftige Männer aus. Er war darin nicht nur seinem König gehorsam, sondern er bewies damit auch eine gewisse Demut. Er war nicht der Meinung, über genügend Körperkraft zu verfügen, um den Propheten Jeremia allein aus der Zisterne zu ziehen. Er war auch nicht darauf aus, die Ehre der Rettung des Propheten ganz für sich allein zu haben. Nein, er erkannte an, dass er es ohne Helfer nicht schaffen würde. – Wohl uns, wenn auch wir bereit sind, uns im Dienst für den Herrn helfen zu lassen, wo wir selber nicht stark oder fähig genug sind! –
Er war ein Mann mit Sinn für's Praktische. – Nun holte er aus des Königs Kleiderkammer ein paar zerrissene, alte Lumpen und besorgte ein Seil. Das Seil wurde in die Zisterne hinabgelassen und die Lumpen ebenso. Jeremia wickelte

das mit Lumpen unterlegte Seil um seinen Leib und hielt sich daran fest. Oben zogen die vier Männer mit aller Macht und Kraft – und so kam Jeremia schließlich und trotz allem doch wohlbehalten aus der Zisterne heraus. Wahrscheinlich sollte sich Jeremia bei dieser Aktion die Lumpen deswegen unter die Achseln legen, damit das Seil beim Hochziehen nicht zu sehr einschnitt.

Lerne daraus, dass Gott sowohl starke, kräftige und prächtige Mittel zur Rettung seiner Kinder verwenden kann wie auch arme, geringe, kümmerliche und verachtete. Es mag sein, dass er drei oder vier geistlich kräftige Personen ins Spiel bringt, um dir herauszuhelfen, oder dass er dazu etwas in deinen Augen ganz Mickriges, Lächerliches und Niedriges verwendet, so wie die Lumpen in unserem Text. Vielleicht benutzt er, wie im vorliegenden Fall, beide Mittel zusammen, oder noch ein drittes und viertes dazu.

Auf jeden Fall darfst du Gott zutrauen, dass er die richtigen Maßnahmen ergreift. Füge dich in sie, und versuche nicht, deinen eigenen Kopf durchzusetzen. Es kann sein, dass du gerne von Jesus allein und direkt aus deiner Notlage errettet werden möchtest – aber er tut es nicht allein, sondern schickt dir zwei oder drei gläubige Leute zu Hilfe. Vielleicht willst du mit Blitz und Donner und großem Knall, oder jedenfalls auf spektakuläre Weise gerettet werden. Aber Jesus hilft dir weiter durch ein paar zerrissene, alte Lumpen, durch jenes zerfledderte alte Buch etwa oder durch die einfache Predigt eines ganz ungelehrten und nur mäßig begabten Mannes.

Wie töricht wäre es gewesen, wenn Jeremia dem Ebed-Melech die Mittel zu seiner Rettung hätte vorschreiben wollen! Wenn er beispielsweise angesichts der Lumpen ausgerufen hätte: „Nein, so nicht! Ich bin ein Prophet des Herrn und habe Besseres verdient; sie sollen mir gefälligst ein paar weiche und feine Kissen herunterwerfen!"

Sei nicht so töricht, lieber Leser, sondern schicke dich in die Anordnungen der göttlichen Weisheit, auch wenn sie dir zunächst kurios erscheinen und vielleicht gar nicht schmecken. Er wird in jedem Fall das für dich Beste und Heilsame tun!
An dieser Stelle noch ein paar Worte an solche unter meinen Lesern, die vielleicht noch keine Christen sind. Du sitzt noch in der wasserlosen und dunklen Zisterne deines eigenen gottlosen Herzens und leidest jämmerlichen geistlichen Hunger und Durst. Und der Gestank deiner Sünden und der Schlamm deiner Unreinheit verpesten dein Inneres und die ganze Umgebung. Aber wisse, dass der göttliche Ebed-Melech, der am Kreuz auch deine Sünde trug, dich retten will. Ergreife doch das Seil der Liebe Gottes, das er zu dir hinablässt. Lege die von dir bisher so verachteten und blutigen Lumpen des Evangeliums unter deine Achseln. Mit einem Satz: Glaube an Jesus, und du wirst erleben, wie er dich am Seil nach oben zieht und du ans Licht kommst – viel schneller, als Ebed-Melech es bei Jeremia vermochte. Und auf dem Weg nach oben wird der Schlamm deiner Sünden von dir abfallen, und am Ende wirst du vollständig gerettet sein!
Wie auch Jeremia am Ende unserer Geschichte vollständig gerettet war. Man fragt sich unwillkürlich: Und nun? Wie sah der Dank Jeremias Ebed-Melech gegenüber aus? Wie ging ihre persönliche Beziehung weiter? Und was ist aus dem treuen Ebed-Melech geworden? Ist er mit in den Strudel von Judas Untergang gerissen worden und dabei umgekommen? Zum Glück können wir noch Weiteres über ihn festhalten:
Er war ein Mann, zu dem Gott redete. – Eine einzige Bemerkung macht die Bibel noch über ihn, und zwar am Ende des nächsten Kapitels:

Jer. 39,15–18: „**15** Es war auch des HERRN Wort geschehen zu Jeremia, als er noch im Wachthof lag: **16** Geh hin und sage Ebed-Melech, dem Mohren: So spricht der HERR Zebaoth, der Gott Israels: Siehe, ich will meine Worte kommen lassen über diese Stadt zum Unheil und nicht zum Heil, und du sollst es sehen zur selben Zeit. **17** Aber dich will ich erretten zur selben Zeit, spricht der HERR, und du sollst den Leuten nicht ausgeliefert werden, vor denen du dich fürchtest. **18** Denn ich will dich entkommen lassen, dass du nicht durchs Schwert fallest, sondern du sollst dein Leben wie eine Beute davonbringen, weil du mir vertraut hast, spricht der HERR."

An der Verheißung, die durch Jeremia an Ebed-Melech erging, können wir viele weitere Dinge ersehen:
Er war ein Mann, dem nichts vergessen wurde. Gott vergisst nichts. Was einer Gutes tut an einem seiner Diener, das wird er früher oder später vergolten bekommen. – Auch das, was du an Gutem an Gottes Dienern getan hast, wird unvergessen bleiben.
Wie auch Jesus später sagte:
Matth. 10,41: „Wer einen Propheten aufnimmt, weil es ein Prophet ist, der wird den Lohn eines Propheten empfangen. Wer einen Gerechten aufnimmt, weil es ein Gerechter ist, der wird den Lohn eines Gerechten empfangen."
Matth. 25,40: „Und der König wird antworten und zu ihnen sagen: Wahrlich, ich sage euch: Was ihr getan habt einem von diesen meinen geringsten Brüdern, das habt ihr mir getan."
Der Hebräerbriefschreiber sagt:
Hebr. 6,10: „Denn Gott ist nicht ungerecht, dass er vergäße euer Werk und die Liebe, die ihr seinem Namen erwiesen habt, indem ihr den Heiligen dientet und noch dient." –
Er war ein Mann, der Einblick in die Zukunft erhielt. Denn Gott offenbart denen, die ihn lieben, die Zukunft. Er

lässt sie teilhaben an seinen Plänen – seien sie nun positiver oder negativer Art. – Auch dich lässt er an seinen Zukunftsplänen teilhaben – lies nur die Offenbarung des Johannes! –
Er war ein Mann mit einer gnädigen Zusage. Gott gibt denen, die ihn lieben, solche Versprechungen – auch dir: „Denn ich weiß wohl, was für Gedanken ich über euch habe, spricht der Herr, Gedanken des Friedens und nicht des Leides, dass ich euch gebe eine Zukunft und eine Hoffnung." **(Jer. 29,11).** –
Er war ein Mann mit sehr menschlichen Ängsten. Doch Gott nimmt die Befürchtungen seiner Kinder ernst – auch deine:
„Fürchte dich nicht, ich bin mit dir; weiche nicht, denn ich bin dein Gott. Ich stärke dich, ich helfe dir auch, ich halte dich durch die rechte Hand meiner Gerechtigkeit." **(Jes. 41,10).** –
Er war ein Mann, der dem Gericht entkam. Denn Gott wird seine Kinder entkommen lassen aus dem Gericht, das er über diese Welt bringen will. – So will er es auch mit dir halten, wenn du an Jesus glaubst:
„Wahrlich, wahrlich, ich sage euch: Wer mein Wort hört und glaubt dem, der mich gesandt hat, der hat das ewige Leben und kommt nicht in das Gericht, sondern er ist vom Tode zum Leben hindurchgedrungen." **(Joh. 5,24).** –
Er war ein Mann mit einem Geheimnis. Denn es wird dem Ebed-Melech ausdrücklich attestiert, dass er ein Mann war, der Gott vertraute. Und ein Mensch, der an Gott glaubt, ist etwas Besonderes. Solche Menschen, die das Geheimnis des Glaubens in sich tragen, unterscheiden sich von der Masse. – Wenn du an Gott glaubst und ihm vertraust, wird Gott auch dein Vertrauen ehren!
„Darum werfet euer Vertrauen nicht weg, welches eine große Belohnung hat. Geduld aber ist euch not, damit ihr den

Willen Gottes tut und das Verheißene empfangt." **(Hebr. 10,35+36)**.

So meine ich, auch von der Gestalt des Ebed-Melech können wir einigen Gewinn haben. Nimm von ihm mit, soviel du kannst!

Jojachin

Wenn du mich fragst: Welche Gestalt im Alten Testament beeindruckt dich am meisten? – so ist diese Frage schwierig zu beantworten.
Es gibt natürlich viele, die beeindruckend sind. Eine aber gibt es, die ich immer mit besonderer, innerer Bewegung betrachtet habe. Es handelt sich dabei um eine Person, die verhältnismäßig selten vorkommt. Man muss die Stellen zusammensuchen. Deswegen habe ich sie auch unter die „Randfiguren" eingereiht, auch wenn ein König prinzipiell natürlich keine Seitengestalt ist!
Diese Gestalt hat mich durch die Jahre hindurch immer wieder einmal beschäftigt. Vielleicht, weil sie meine eigene, innere Situation in früheren Jahren so gut abbildet. Ich meine *Jojachin*, den vorletzten König des Reiches Juda.
Er ist eine der tragischsten Figuren der Bibel. In seinem Leben sind Gericht und Gnade, Erniedrigung und Erhöhung in äußerster Spannung zusammengefasst.
Das Urteil der Bibel über Jojachin fällt nicht günstig aus. Wirf mit mir einen Blick auf **Jer. 22,24–30**:

„**24** So wahr ich lebe, spricht der Herr: Wenn Konja, der Sohn Jojakims, der König von Juda, ein Siegelring wäre an meiner rechten Hand, so wollte ich dich doch abreißen **25** und in die Hände derer geben, die dir nach dem Leben trachten und vor denen du dich fürchtest: in die Hände Nebukadnezars, des Königs von Babel, und der Chaldäer. **26** Und ich will dich und deine Mutter, die dich geboren hat, in ein anderes Land treiben, das nicht euer Vaterland ist; dort sollt ihr sterben. **27** Aber in das Land, wohin sie von Herzen gern wieder kämen, sollen sie nicht zurückkehren. **28**

Ist denn Konja ein elender, verachteter, verstoßener Mann, ein Gefäß, das niemand haben will? Ach, wie ist er doch samt seinem Geschlecht vertrieben und in ein unbekanntes Land geworfen! **29** O Land, Land, Land, höre des Herrn Wort! **30** So spricht der Herr: Schreibt diesen Mann auf als einen, der ohne Kinder ist, einen Mann, dem sein Leben lang nichts gelingt! Denn keiner seiner Nachkommen wird das Glück haben, dass er auf dem Thron Davids sitze und in Juda herrsche."

Das ist hart. Das klingt vernichtend. Da bleibt nicht viel Raum für Hoffnung und Fröhlichkeit.
Um Jojachins Geschichte zu betrachten, möchte ich dich mitnehmen in das Jahr 597 v.Chr.
Ich hole etwas aus und schaue kurz zurück: Nach dem Tode Salomos zerbrach das Großreich Israel wegen einer Torheit seines jungen Sohnes Rehabeam in zwei Teile. So entstand auf der einen Seite das Nordreich Israel, auf der anderen das Südreich Juda.
In Israel sah es immer schlechter aus als in Juda. Wir wissen von keinem einzigen israelitischen König, der ein Gott angenehmes Leben geführt hätte. Stereotyp erscheint im Zusammenhang mit ihnen immer wieder nur die gleiche Formel: „Und er tat, was dem Herrn missfiel."
Gott hatte lange Geduld, aber im Jahr 722 v.Chr. fegt das Gericht über das Land und gipfelt in der Wegführung nach Assyrien und dem Ende des Reiches.
Die Bilanz auf Seiten Judas sieht auch nicht gerade rosig aus. Aber wenigstens ist die Unheilslinie hier *gelegentlich* unterbrochen durch Könige, die wieder ernsthaft nach Gott fragten. Sie schafften den Götzendienst ab brachten neue Gottesfurcht ins Land.

Aber aufs Ganze gesehen neigt sich auch hier die Waagschale nach der Seite des Gerichts. Und das, obwohl Gott hier länger Geduld hat als mit Israel. Im Jahre 605 v.Chr. ist es zum ersten Mal soweit. Nebukadnezar steht vor den Toren Jerusalems.
Man könnte sagen: Das Maß ist voll. Auch Juda ist jetzt dabei, sich in den Ruin zu sündigen. Das Gericht ist nicht mehr aufzuhalten. Gott beginnt, nun auch das Südreich dahinzugeben.

Denn auf den letzten gottesfürchtigen König Josia sind andere Männer gefolgt, die nicht mehr nach Gottes Geboten fragten:

- *Joahas* regiert nur drei Monate und wird dann von dem ägyptischen Pharao Necho in Ribla im Lande Hamath ins Gefängnis gelegt. Anschließend wird er nach Ägypten verschleppt, wo er stirbt.
- Sein Bruder *Jojakim*, vom Pharao eingesetzt, regiert elf Jahre. Er kommt zum ersten Mal in Berührung mit Nebukadnezar von Babylon. Dieser hat inzwischen Ägypten unterworfen. Jojakim ist ihm drei Jahre untertan und wird danach abtrünnig. Die Folge: Nebukadnezar lässt ihn in Ketten legen, um ihn nach Babel wegzuführen. Ob er überhaupt noch je dort angekommen ist, wissen wir nicht.

Aber Jojakim hat einen Sohn, und das ist Jojachin, um den es uns geht, und wir lesen von seinem Ergehen in **2. Kön. 24,8–17:**

„**8** Achtzehn Jahre alt war Jojachin, als er König wurde; und er regierte drei Monate zu Jerusalem. Seine Mutter hieß Nehuschta, eine Tochter Elnathans aus Jerusalem. **9** Und er tat, was dem Herrn missfiel, wie sein Vater getan hatte. **10** Zu der Zeit zogen herauf die Kriegsleute Nebukadnezars, des Königs von Babel, gegen Jerusalem und belagerten die Stadt. **11** Und Nebukadnezar kam zur Stadt, als seine Kriegsleute sie belagerten. **12** Aber Jojachin, der König von Juda, ging hinaus zum König von Babel mit seiner Mutter, mit seinen Großen, mit seinen Obersten und Kämmerern. Und der König von Babel nahm ihn gefangen im achten Jahr seiner Herrschaft. **13** Und er nahm von dort weg alle Schätze im Hause des Herrn und im Hause des Königs und zerschlug alle goldenen Gefäße, die Salomo, der König von Israel, gemacht hatte im Tempel des Herrn, wie denn der Herr geredet hatte. **14** Und er führte weg das ganze Jerusalem, alle Obersten, alle Kriegsleute, zehntausend Gefangene und alle Zimmerleute und alle Schmiede und ließ nichts übrig als geringes Volk des Landes. **15** Und er führte weg nach Babel Jojachin und die Mutter des Königs, die Frauen des Königs und seine Kämmerer; dazu die Mächtigen im Lande führte er auch gefangen von Jerusalem nach Babel. **16** Und von den besten Leuten siebentausend und von den Zimmerleuten und Schmieden tausend, lauter starke Kriegsmänner, die brachte der König von Babel gefangen nach Babel. **17** Und der König von Babel machte Mattanja, Jojachins Oheim, zum König an seiner Statt und wandelte seinen Namen um in Zedekia."

Und nun der springende Punkt der ganzen Geschichte. Die Babylonier konnten grausam sein. Jojachin hatte nichts Gutes zu erwarten. Sein Nachfolger *Zedekia* musste nach seiner eigenen Gefangennahme mit ansehen, wie alle seine Söhne vor seinen Augen getötet wurden. Und das war das Letzte, war er auf dieser Erde sehen sollte, der letzte furchtbare Eindruck, der sich seinem Gedächtnis unauslöschlich einprägte. Denn danach blendeten sie ihn und nahmen ihm so das Augenlicht für immer.

Nun lag ein gewisser mildernder Umstand in der Tatsache, dass Jojachin sich *freiwillig* ergeben hatte. Das ließ ein klein wenig hoffen. Und in der Tat, Jojachin wird „nur" in der Kerker gelegt. Er weiß, was allein das schon bedeutet. Und doch weiß er noch nicht, was auf ihn zukommt. Mit einigen Jahren Haft hat er wohl gerechnet. Aber, so dachte er sich vielleicht, irgendwann wird es wohl genug sein. Dann werde ich wieder ein freier Privatmann sein dürfen, so eine Art „König im Exil".
Und so vergeht ein Jahr, und Jojachin sitzt im Kerker. Und es vergehen fünf Jahre. Jojachin sitzt im Kerker. Und es vergehen 10 Jahre, und Jojachin ist längst klar geworden: Meine Kerkerhaft scheint eine langwierige zu werden.
Und dann passiert das, was er zu Anfang vielleicht selber nicht für möglich gehalten hätte: Aus den 10 Jahren werden 20 Jahre, aus den 20 werden 30, aus den 30 werden 35 Jahre. Jojachin sitzt im Kerker. Und nun lies mit mir den den Text, den wir gleich näher betrachten wollen, in **2. Kön. 25,27–30**:

„**27** Aber im siebenunddreißigsten Jahr, nachdem Jojachin, der König von Juda, weggeführt war, am siebenundzwanzigsten Tage des zwölften Monats ließ Evil-Merodach, der König von Babel, im ersten Jahr seiner Herrschaft Jojachin, den König von Juda, aus dem Kerker kommen **28** und redete freundlich mit ihm und setzte seinen Sitz über die Sitze der Könige, die bei ihm waren zu Babel. **29** Und Jojachin legte die Kleider seiner Gefangenschaft ab, und er aß alle Tage bei dem König sein Leben lang. **30** Und es wurde ihm vom König sein ständiger Unterhalt bestimmt, den man ihm gab an jedem Tag sein ganzes Leben lang."

1. Gottes Strafgericht

Stell' dir das das vor: 37 Jahre Kerkerhaft! Einer meiner theologischen Lehrer hat einmal gesagt: „Meine Damen und Herren, es gibt Dinge im Leben, die kann man zur Kenntnis nehmen, aber verstehen kann man sie nicht." Und genausowenig, wie wir verstehen können, was es für einen *Kranken am Teich Bethesda* bedeutet haben muss, 38 Jahre lang krank zu liegen, und für eine *Marie Durand,* 30 Jahre im Kerker von Aigues Mortes zuzubringen, können wir in ganzer Tiefe ermessen, was Jojachins 37 Kerkerjahre für ihn bedeutet haben müssen. 37 Jahre zwischen Hoffnung und Verzweiflung!
Ich habe mich gefragt, ob die damaligen Gefängnisse wohl so „komfortabel" waren wie die heutigen, und ich habe meine Zweifel daran. Wahrscheinlich musste Jojachin in einem dunklen Dreckloch hausen. Vielleicht bekam er einmal am Tag ein schlechtes Essen durch die Tür geschoben. Es ist gut möglich, dass er nie die Sonne sah. *Hafturlaub* bekam er bestimmt keinen. Rings um sich hatte er nur kahle, kalte, feuchte Wände.
Und dann das zermürbende Warten. Und die Ungewissheit. Das Warten auf die Freilassung, die Hinrichtung oder den natürlichen Tod. Und vielleicht hat er Gott manches Mal angefleht: „Mach' doch ein Ende! Was für einen Sinn hat mein Leben denn noch, wenn ich hier in diesem Dreckloch lebendig begraben sein muss!"
Und dann die Einsamkeit. Es ist nicht sicher, ob Jojachin seine Zelle mit jemandem geteilt hat. Wenn nicht, wie bitter müssen die langen und schier endlosen Jahre des Alleinseins für ihn gewesen sein! Was muss dieser Mann gelitten haben!
Wir wissen nicht mit letzter Sicherheit, ob Jojachin in diesen Jahren eine Sinneswandlung durchgemacht hat. So

beruht das, was ich am Schluss dieser Betrachtung sagen werde, ein wenig auf Spekulation. Aber ich werde zu zeigen versuchen, dass es in der Bibel einen Hinweis gibt, der die Spekulation zur echten Möglichkeit werden lässt.

Daher: Vielleicht lernte Jojachin mit dem Psalmisten beten: „Führe mich aus dem Kerker, dass ich preise deinen Namen" **(Ps. 142,8)**.

Und vielleicht lernte er glauben, ebenfalls mit dem Psalmisten:
„Denn mit dir kann ich Kriegsvolk zerschlagen und mit meinem Gott über Mauern springen" **(Ps. 18,30)** – auch über die Mauern dieses Gefängnisses!

Eines hat Jojachin ganz sicher gelernt: *Geduld*. Zwangsläufig! Und dabei, so stelle ich mir vor, durchlief er wohl verschiedene Phasen: zuerst wird er Gott angefleht haben, sich doch über ihn zu erbarmen. Als das nichts half, kam eine Phase der Wut und der Auflehnung. Darauf folgte eine Zeit der Resignation. Und nach der Resignation kam die Geduld. Echte Geduld ist etwas anderes als Resignation. *Geduldig sein heißt: Gott Zeit geben.* Er ist nicht in solcher Eile, wie wir es oft sind. Geduldig sein heißt: Ich lege die Dinge vertrauensvoll in Gottes Hände, und ich lasse sie dort. Geduldig sein heißt, ich spreche mit dem Psalmisten:
„Befiehl dem Herrn deine Wege und hoffe auf ihn; er wird's wohlmachen" **(Ps. 37,5)**.

Und: „Wirf dein Anliegen auf den Herrn, der wird dich versorgen und wird den Gerechten nicht ewiglich in Unruhe lassen" **(Ps. 55,23)**.

Geduldig sein heißt auch, mit Jeremia zu sprechen:
„Es ist ein köstlich Ding, geduldig sein und auf die Hilfe des Herrn hoffen" **(Klgl. 3,26)**.

Lieber Leser, vielleicht bist *du* heute in einer ähnlichen Kerkersituation wie Jojachin. Und du hast schon oft mit Gebet und Flehen und unter Tränen an den Gitterstäben deines Gefängnisses gerüttelt – aber bisher war alles umsonst. Und das Schlimmste von allem ist das Schweigen Gottes, dieses furchtbare, scheinbare Schweigen Gottes. Wenn das deine Erfahrung ist, dann höre den Trost der Heiligen Schrift: „Wir wissen aber, dass Trübsal Geduld bringt, Geduld aber bringt Bewährung, Bewährung aber bringt Hoffnung; Hoffnung aber lässt nicht zuschanden werden, denn die Liebe Gottes ist ausgegossen in unser Herz durch den Heiligen Geist, welcher uns gegeben ist" (**Röm. 5,5**).

Denke an den Ausspruch von *Hudson Taylor*, des Begründers der China-Inland-Mission, der einmal gesagt hat: „Was Gott uns durch die Not lehren will, ist wichtiger, als aus ihr herauszukommen."

Und an den Satz der Indien-Missionarin *Amy Carmichael*: „Außer Christus ist der köstlichste Besitz, den ich habe, meine Not."

Und an **Jak. 5,11**: „Von der Geduld Hiobs habt ihr gehört und habt gesehen, wie's der Herr hinausgeführt hat; denn der Herr ist barmherzig und ein Erbarmer."

Es gibt nur eine einzige Sache, in der du ungeduldig sein solltest. Bist du noch im Kerker des Unglaubens, der Gebundenheit und der unvergebenen Schuld? Ist es deswegen noch Nacht rings um dich her? Scheint darum kein Licht in dein dunkles Verließ? Dann rufe zu Jesus, dem Sohn Gottes. Rufe zu dem, der auch für deine Sünde starb und auferstand, und bitte ihn um Vergebung und Rettung – und die schweren Flügeltüren deines Gefängnisses werden sich sofort öffnen!

Aber in allen anderen Fällen mag es sein, dass Gott dich zur Geduld ruft.

Das führt uns zum nächsten Gedanken:

2. Gottes Zeit

Gott hat seinen eigenen Zeitplan für die Erlösung eines Menschen aus vielerlei Not. Nach 37 Jahren, an jenem denkwürdigen 27. Tage des 12. Monats, im März des Jahres 560 v.Chr., war für Jojachin der richtige Zeitpunkt gekommen. *Evil-Merodach*, der Nachfolger *Nebukadnezars*, verfolgte eine neue Politik gegenüber dem Gefangenen aus Juda. Er beschloss, ihn zu begnadigen, vielleicht im Rahmen einer größeren Amnestie zu Beginn seiner Amtszeit. An jenem Tage war alles wie immer: da war die Feuchtigkeit, das schlechte Essen, die Ratten usw. Jojachin vegetierte vor sich hin.

Da hört er am Morgen des 27. Tages plötzlich Schritte. Ein Schlüssel dreht sich im rostigen Schloss, die Tür springt knarrend auf. Vielleicht – ich male das jetzt ein wenig aus – erscheint ein Hauptmann der königlichen Garde, begleitet von zwei Soldaten. Jojachin springt auf. Und vielleicht ist sein erster Gedanke: Jetzt holen sie mich wohl zur Hinrichtung. Jetzt bin ich dem Staat wohl endgültig zu teuer geworden. Und während er das noch denkt, spricht der Hauptmann zu ihm: „Du bist frei. Folge mir."

Jojachin meint, er träume. In seinen Ohren klingen noch die Worte nach: „Du bist frei. Folge mir." Ganz benommen steht er da, und erst allmählich dämmert ihm die ganze, ungeheure Wahrheit. Und dann folgt er dem Hauptmann durch den Türeingang, durch den er seit 37 Jahren nicht mehr gegangen ist. Bei jedem Schritt durchströmt ihn die selige Erkenntnis: *Du bist freigelassen!* Und als sie den Gang hinter sich gelassen haben und hinaus ins Freie treten, muss Jojachin zunächst die Augen schließen, weil er das Sonnenlicht nicht gewohnt ist, aber er fühlt, wie es warm über ihn hinflutet und ihm jeden Nerv wärmt, und wie jeder Strahl seine Erkenntnis bestätigt: *Du bist freigelassen!*

Lerne daraus etwas ganz Einfaches: *Alle Trübsal auf dieser Welt ist zeitlich und hat einmal ein Ende.* Das ist das Tröstliche auf dieser armen Erde: *Die Freuden sind vergänglich – die Leiden aber auch!* Wie lange der dunkle Tunnel auch immer sein mag – einmal wird plötzlich der Ausgang sichtbar.

Spr. 10,28: „Das Warten der Gerechten wird Freude werden".

Jes. 8,23: „Es wird nicht dunkel bleiben über denen, die in Angst sind".

Was du noch lernen kannst: Die Tatsache, dass eine bestimmte, negative Situation immer und jahrelang so und nicht anders gewesen ist, muss nicht bedeuten, dass sie morgen auch noch so ist und immer so sein wird. *Gott kann mit einem Schlage alles ändern –* er *„ruft dem, was nicht ist, dass es sei"* **(Röm. 4,17)**. Darum kannst du dich auch nicht mit jemand anders vergleichen und sagen: Weil es dem oder der so und so erging, wird es mir wahrscheinlich auch so ergehen. Nein – vielleicht kommt plötzlich alles ganz anders und viel besser heraus, als du dachtest. Gott kann überschwänglich tun, über alles hinaus, was wir bitten oder verstehen. *Spurgeon* hat einmal gesagt: „Deine Befürchtungen sind kein Leitfaden für Gottes Ratschluss."

Für *Jojachin* kam ein Tag der Erlösung, und auch für *dich* kommt einmal ein Tag der Erlösung. Wer weiß, vielleicht hält Gott auch für dich noch eine „Jojachin-Gnade" bereit! Halte den alten Satz fest: Gott kommt manchmal spät, aber er kommt nie zu spät! – Und den alten Liedvers:

„Wenn die Stunden sich gefunden,
bricht die Hilf mit Macht herein,
und dein Grämen zu beschämen

wird es unversehens sein."
Matthew Henry, ein englischer Bibelausleger des 18. Jahrhunderts, schrieb:
„Gott erfüllt seine Verheißungen oftmals gerade dann, wenn es am unwahrscheinlichsten ist."
Und höre noch auf das, was in **Ps.** 107,10–16 steht:
„**10** Die da sitzen mussten in Finsternis und Dunkel, gefangen in Zwang und Eisen, **11** weil sie Gottes Geboten ungehorsam waren und den Ratschluss des Höchsten verachtet hatten, **12** so dass er ihr Herz durch Unglück beugte und sie dalagen und ihnen niemand half, **13** die dann zum Herrn riefen in ihrer Not, und er half ihnen aus ihren Ängsten **14** und führte sie aus Finsternis und Dunkel und zerriss ihre Bande: **15** die sollen dem Herrn danken für seine Güte und für seine Wunder, die er an den Menschenkindern tut, **16** dass er zerbricht eherne Türen und zerschlägt eiserne Riegel."
Das ist der Kommentar zu Jojachins Geschichte! – Und es bleibt noch:

3. Gottes Gnade

Wenn diese Betrachtung ein Musikstück wäre, eine Symphonie, dann müsste jetzt an dieser Stelle ein fröhliches Trompetengeschmetter einsetzen. Denn nun hat Gott dem Jojachin gezeigt, wie das aussieht, wenn er sich über einen Menschen gründlich erbarmt.

Von Evil-Merodach heißt es in **V. 28**: „...und redete freundlich mit ihm".

Wie muss das dem Jojachin gutgetan haben! Schwergeschlagene Menschen brauchen Zuspruch. Es war wiederum

Hudson Taylor, der einmal gesagt hat: „Die meisten Menschen brauchen mehr Ermutigung als Strafreden." Es wird gut sein, wenn auch wir das praktizieren, und wenn wir wissen mit den Müden zu rechter Zeit zu reden! **Spr. 12,25**: „Sorge im Herzen bedrückt den Menschen, aber ein freundliches Wort erfreut ihn." **Spr. 16,24**: „Freundliche Reden sind Honigseim, trösten die Seele und erfrischen die Gebeine."
Unser Text sagt weiter: „...und setzte seinen Sitz über die Sitze der Könige, die bei ihm waren zu Babel."
Das ist Jojachins Erhöhung. Wie heißt es? „Ehe man zu Ehren kommt, muss man Demut lernen." **(Spr. 15,33b)**. Jojachin lernte sie. Der Weg hinauf ist der Weg hinab!
Es steckt aber noch mehr hinter Jojachins Erhöhung als nur eine zeitliche Ehrung. Durch Jojachins Erhöhung zeigt nämlich der Heilige Geist im Bibeltext an, dass der Thron Judas einst höher sein wird als die Throne aller Königreiche zusammen. Wenn Jesus Christus, der König Israels, einst wiederkommt und über sein Volk herrscht, wird es so sein!

V. 29: „...und Jojachin legte die Kleider seiner Gefangenschaft ab".

Kann man ein treffenderes Bild finden für einen Menschen, der zu Christus kommt? Wer an Jesus, den Gekreuzigten und Auferstandenen, glaubt und Vergebung seiner Sünden erfährt, legt die Kleider seiner Gefangenschaft ab: die alten, bösen Gewohnheiten, die alte, böse Wesensart, die jahrealten, quälenden Nöte. Und er legt die „Kleider der Freiheit" an: neue Gewohnheiten, eine neue Natur, neue Freiheiten, die Gerechtigkeit Christi! Und so, wie Jojachin „alle Tage bei dem König aß sein Leben lang", dürfen auch wir jeden

Tag essen vom gedeckten Tisch des Vaters: uns nähren von Gottes Wort, geborgen sein in seiner Fürsorge. Und eines Tages werden wir buchstäblich und leibhaftig am Tisch des höheren Königs sitzen, an der himmlischen Festtafel nämlich, und uns dort für immer freuen und für ewig unser Auskommen haben, wie es auch in **V. 30** heißt:

„...und es wurde ihm vom König sein ständiger Unterhalt bestimmt, den man ihm gab an jedem Tag sein ganzes Leben lang."

Damit wären wir eigentlich am Ende unserer Betrachtung. Ja, wenn das alle Gnaden gewesen wären, die Gott dem Jojachin erwiesen hat! Aber es waren noch nicht alle. Lies mit mir noch **Matth. 1,12**: das ist, soweit ich weiß, die letzte Notiz, die wir über Jojachin in der Bibel finden. Dort heißt es:
„Nach der babylonischen Gefangenschaft zeugte Jojachin Sealthiël."
Gott hat diesem Mann sogar noch einen zeitlichen Trost für seine Einsamkeit gegeben und einen Nachkommen! Zugleich aber zeigt sich hier die „Verheißungstreue" Gottes und der tiefere Grund, warum Jojachin am Leben blieb. Gott wollte, dass für Judas Thron ein männlicher Thronfolger da sei; so, wie er es einst seinem Knecht David versprochen hatte. Die Ahnenlinie auf Jesus Christus hin sollte ununterbrochen fortgeführt werden. Wohl ist es wahr, was wir zu Beginn in **Jer. 24** gelesen haben: Kein Nachkomme Jojachins hatte das Glück, wirklich auf dem Thron Judas sitzen zu dürfen. Aber dennoch war ein männlicher Thronfolger da.
So hatte Gott also höhere Pläne mit Jojachin, als dieser selbst ahnte oder für möglich hielt. Und übrigens: Wenn du

in **1. Chr. 3,17+18** nachschlägst, kannst du feststellen, dass Gott dem Jojachin noch mehr Gnade erwiesen hat. Denn dort steht:

„**17** Die Söhne Jojachins, der gefangen wurde, waren: Sealthiël, **18** Malkiram, Pedaja, Schenazzar, Jekamja, Hoschama, Nedabja."

Wenn Sealthiël der Erstgeborene in dieser Reihe ist, dann ist aus Jojachin noch ein ganzer Clan geworden!

Und nun will ich dir am Schluss noch sagen, warum ich es für möglich halte, dass es in Jojachins Leben noch eine Kehrtwendung gegeben hat. Das hängt noch einmal zusammen mit **Matth. 1,12**. Und zwar mit dem Namen seines erstgeborenen Sohnes *Sealthiël*. Wenn man diesen Namen im Hebräischen betrachtet, entdeckt man, dass sich dahinter eigentlich zwei Worte verbergen: ein Tätigkeitswort: „Schealti", und ein Hauptwort: „El". Beide zusammen heißen auf Deutsch übersetzt: „Ich habe Gott gebeten." So hat Jojachin seinen Sohn genannt, und das war bestimmt kein Zufall. Natürlich kann man sagen: Vielleicht hat er nur um einen Sohn gebeten, und um nichts sonst. Aber wäre es nicht denkbar, dass sein Gebet noch mehr umfasste – vielleicht auch die Bitte um Vergebung seiner Sünden? Beweisen kann ich die Umkehr Jojachins nicht. Aber ich meine, der Name seines Erstgeborenen könnte ein Hinweis darauf sein.

So haben wir betrachtet: Gottes Strafgericht über einen Gottlosen, aber auch Gottes Zeit zur Befreiung, sowie seine Gnade über einem verpfuschten Leben. An Jojachin ist wirklich der Vers wahr geworden aus **Joël 2,25**, wo Gott zum Volk Israel sagt:

„Und ich will euch die Jahre erstatten, die die Heuschrecken gefressen haben."

Solltest du innerlich an der Not eines verpfuschten Lebens leiden, so denke an Jojachin und fasse Mut: Gott kann auch aus deinem Leben noch etwas machen, wenn du dich ihm nur anvertraust!

„Dem aber, der überschwänglich tun kann über alles, was wir bitten oder verstehen, nach der Kraft, die da in uns wirkt, dem sei Ehre in der Gemeinde und in Christus Jesus zu aller Zeit, von Ewigkeit zu Ewigkeit! Amen." **(Eph. 3,20+21)**.

Serubbabel

In jedem Menschenleben gibt es verschiedene Phasen. Auch die Knechte Gottes sind davon nicht ausgenommen. Ein Musterbeispiel dafür ist die Geschichte eines Mannes, der aus der judäischen Königslinie stammte. Er wurde in einer Zeit geboren, die zu den bittersten der jüdischen Geschichte gehörte: nämlich in der Zeit des babylonischen Exils (586–538 v.Chr.). Ich rede von *Serubbabel*, dem Sohn Schealthiëls. Er war ein Enkel des unglücklichen Jojachin. Man könnte auch hier darüber diskutieren, ob er wirklich nur eine biblische „Randfigur" ist. Denn, wie wir gleich sehen werden, hatte er an einem bestimmten Punkt der Geschichte des Volkes Gottes doch einige Bedeutung. Trotzdem bezweifle ich, dass seine Geschichte sehr bekannt ist. Wenn ich sie in der Bibel überblicke, so meine ich, drei Phasen zu entdecken. Hier die erste:

1. Die Phase des ersten Eifers

Wenn man die Bibel näher untersucht, hat man den Eindruck, dass es zwei Männer des Namens Serubbabel gegeben hat. Nämlich den, von dem wir sprechen, und einen anderen, von dem in **1. Chr. 3,19** die Rede ist:

„Die Söhne Pedajas waren: Serubbabel und Schimi. Die Söhne Serubbabels waren: Meschullam und Hananja, und ihre Schwester war Schelomit;"

Der Vater „unseres" Serubbabel war jedoch Schealthiël, ein Sohn Jojachins **(Matth. 1,12)**.

Serubbabel bedeutet übersetzt: „Nachkomme von Babel" (Zeru-babili). Die hebräische Form seines Namens lautet: *Scheschbazar*. Das ist wahrscheinlich die Übersetzung des neubabylonischen Namens *sin-abla-usur*, was auf Deutsch soviel bedeutet wie: „Sin (der Mondgott) beschirme den Erbsohn". Der Name erscheint beispielsweise in **Esra 1,8** und **5,14**.
Viele Details seines Lebens stehen fest; über andere können wir nur Vermutungen anstellen. Ob sein Name bedeutet, dass er von einem Babylonier erzogen wurde? Ob seine spätere Frömmigkeit zeigt, dass der Hohepriester Jeschua ihn im Gesetz unterwies? Wir wissen es nicht. Sicher ist nur, dass er von dem Perserkönig Kyrus zum Statthalter Judas eingesetzt wurde, vielleicht im Jahr 538 v.Chr., als den Juden die Erlaubnis zur Rückkehr in ihr Heimatland erteilt wurde. Denn mittlerweile war das babylonische Weltreich von dem persischen abgelöst worden.

Esra 2,2: „Sie kamen mit Serubbabel, Jeschua, Nehemja, Seraja, Reelaja, Mordochai, Bilschan, Misperet, Bigwai, Rehum und Baana. Dies ist die Zahl der Männer des Volkes Israel: ..."

Wir sehen also: Serubbabel kehrte bei der ersten, sich bietenden Gelegenheit mit einem Teil seiner Landsleute in seine Heimat zurück. Im babylonischen wie im persischen Weltreich war er ein Fremdling. Sein eigentliches Zuhause war woanders. Obwohl er einen babylonischen Namen trug und sein Heimatland wahrscheinlich noch nie gesehen hatte, lebte in seinem Herzen eine Sehnsucht danach. Ob auch du so eine Sehnsucht in deinem Herzen trägst nach der „himmlischen Heimat", die du auch noch nie gesehen hast?

Bevor Serubbabel jedoch zurückkehrte, fand noch ein anderes wichtiges Ereignis statt:

Esra 1,7–11: „7 Und der König Kyrus gab heraus die Geräte des Hauses des HERRN, die Nebukadnezar aus Jerusalem genommen und in das Haus seines Gottes gebracht hatte. **8** Und Kyrus, der König von Persien, übergab sie dem Schatzmeister Mitredat; der zählte sie Scheschbazar, dem Fürsten Judas, vor. **9** Und dies war ihre Zahl: Dreißig goldene Becken und tausendneunundzwanzig silberne Becken, **10** dreißig goldene Becher und vierhundertzehn silberne Becher und tausend andere Geräte. **11** Alle Geräte, goldene und silberne, waren fünftausendvierhundert. Alles brachte Scheschbazar hinauf, als man aus der Gefangenschaft von Babel nach Jerusalem hinaufzog."

Anders als Nebukadnezar hatte Kyrus offenbar kein Interesse daran, wertvolle Gerätschaften zu behalten, die als Kultgegenstände an einen andern Ort gehörten. Deswegen erwies er sich den Juden gegenüber als freundlich und gab alles zurück, was ihnen gehörte.
Erstaunlich ist die Exaktheit, die mit dem ganzen Vorgang verbunden ist: alle Tempelgeräte werden Scheschbazar von dem Schatzmeister Mithredat genau vorgezählt. Nichts wird vergessen. Und auch Scheschbazar erweist sich als unbestechlich und treu: *alles* bringt er von Babel hinauf nach Jerusalem. Nichts wird unterschlagen oder auf die Seite geschafft. Der neue Statthalter Judas vergreift sich an nichts.
Dies macht eine Aussage über seinen Charakter. Scheschbazar/Serubbabel war treu im Großen – das muss er schon vorher im Kleinen gelernt haben. Wieder einmal wird uns die Frage gestellt: Ob du und ich auch so treu in unseren

Angelegenheiten sind? Oder müssen wir uns gerichtet fühlen, wenn wir das Wort Jesu lesen:

Lk. 16,10: „Wer im Geringsten treu ist, der ist auch im Großen treu; und wer im Geringsten ungerecht ist, der ist auch im Großen ungerecht."

Was tat Serubbabel, als er mit seinen Brüdern, den übrigen Judäern und den Tempelgeräten nach Jerusalem kam? Die Bibel berichtet:

Esra 3,2–6: „**2** Und es machten sich auf Jeschua, der Sohn Jozadaks, und seine Brüder, die Priester, und Serubbabel, der Sohn Schealtiëls, und seine Brüder und bauten den Altar des Gottes Israels, um Brandopfer darauf zu opfern, wie es geschrieben steht im Gesetz des Mose, des Mannes Gottes. **3** Und sie richteten den Altar wieder her an seiner früheren Stätte – denn es war Furcht über sie gekommen vor den Völkern des Landes – und opferten dem HERRN Brandopfer darauf des Morgens und des Abends. **4** Und sie hielten das Laubhüttenfest, wie geschrieben steht, und brachten Brandopfer dar alle Tage nach der Zahl, wie sich's gebührt und jeder Tag es erforderte, **5** danach auch das tägliche Brandopfer und die Opfer für die Neumonde und alle heiligen Festtage des HERRN und was sonst einer dem HERRN freiwillig darbrachte. **6** Am ersten Tage des siebenten Monats fingen sie an, dem HERRN Brandopfer zu bringen. Aber der Grund des Tempels des HERRN war noch nicht gelegt."

Welch schöne Erzählung wird uns hier geboten! Sobald der neue Statthalter mit seinen Leuten in Jerusalem angekommen ist, wird er religiös tätig. Die erste Maßnahme, die ergriffen wird, ist der Wiederaufbau des Brandopferaltars und die Wiedereinführung des alten Opferkultes und Festbetriebes. Und dies aus Furcht – sie fühlten, dass die im Land angesiedelten Fremdvölker ihnen feindlich gesinnt waren. Da suchten sie instinktiv nach Gottes Schutz. Und sie wussten: da wir in der Vergangenheit gesündigt haben, haben wir es nötig, Opfer zu bringen. Wir können keinen Schutz von Gott erwarten, wenn wir nicht die vorgeschriebenen Opfer gebracht haben.

Alle Opfer Israels aber waren immer ein Hinweis auf das *eine* große Opfer, das später von Jesus auf Golgatha gebracht werden sollte. Die Opfer sind immer ein verborgener Hinweis auf das Kreuz Christi. Und da wir nicht besser sind als die Israeliten, haben auch wir ein Opfer nötig. Aber wir müssen nicht mehr *viele* bringen wie Gottes Volk, sondern es genügt, wenn wir uns auf das *eine*, große Opfer von Golgatha berufen. Hier ist Vergebung und zumindest innere Sicherheit inmitten einer feindlichen Umgebung!

Dieses Opfer befreit uns auch zu neuem Dienst für Gott. Wenn das Opfer gebracht und angenommen ist, können noch ganz andere Dinge getan werden. So auch in unserer Geschichte. Denn das Fundament zum Tempel Gottes war noch nicht gelegt worden. Darum lesen wir:

Esra 3,7–13: „7 Und sie gaben Geld den Steinmetzen und Zimmerleuten und Speise und Trank und Öl den Leuten von Sidon und Tyrus, damit sie Zedernholz vom Libanon zur See nach Jafo brächten, wie es ihnen Kyrus, der König von Persien, erlaubt hatte. 8 Im zweiten Jahr nach ihrer Ankunft beim Hause Gottes in Jerusalem, im zweiten Monat, begannen Serubbabel, der Sohn Schealtiëls, und Jeschua, der Sohn Jozadaks, und die übrigen ihrer Brüder, Priester und Leviten, und alle, die aus der Gefangenschaft nach Jerusalem gekommen waren, die Leviten von zwanzig Jahren an und darüber zu bestellen, damit sie die Arbeit am Hause des HERRN leiteten. **9** Und Jeschua mit seinen Söhnen und seinen Brüdern Kadmiël, Binnui und Hodawja traten einmütig an, um die Arbeiter am Hause Gottes anzuleiten, dazu die Söhne Henadads mit ihren Söhnen und ihren Brüdern, die Leviten. **10** Und als die Bauleute den Grund legten zum Tempel des HERRN, stellten sich die Priester auf in ihren Amtskleidern mit Trompeten und die Leviten, die Söhne Asaf, mit Zimbeln, um den HERRN zu loben nach der Ordnung Davids, des Königs von Israel. **11** Und sie stimmten den Lobpreis an und dankten dem HERRN: Denn er ist gütig, und seine Barmherzigkeit währt ewiglich über Israel. Und das ganze Volk jauchzte laut beim Lobe des HERRN, weil der Grund zum Hause des HERRN gelegt war. **12** Und viele von den betagten Priestern, Leviten und Sippenhäuptern, die das frühere Haus noch gesehen hatten, weinten laut, als nun dies Haus vor ihren Augen gegründet wurde. Viele aber jauchzten mit Freuden, so dass das Geschrei laut erscholl. **13** Und man konnte das Jauchzen mit Freuden und das laute Weinen im Volk nicht unterscheiden; denn das Volk jauchzte laut, so dass man den Schall weithin hörte."

Wir sehen jetzt, wie die Führerpersönlichkeit Serubbabels (und auch Jeschuas, des Hohepriesters) sich auswirkt: Er rekrutiert nun die Leviten für den Tempelbau. Und er scheut sich nicht, das schwierige Unternehmen des Wiederaufbaus in Angriff zu nehmen. Das Haus Gottes war ihm ein Anliegen. Darum fürchtete er sich nicht, ein Bauprojekt zu beginnen, von dem er von vornherein wusste, dass es nur unter schwierigsten Bedingungen vonstatten gehen würde. Mir scheint, Serubbabel ist uns hier in seinem Eifer für Gottes Werk ein großes Vorbild. Ob du und ich auch so

zielstrebig für Gottes Sache arbeiten? Vorbildlich ist auch, dass die Arbeit für den Herrn nicht mit Jammern und Seufzen vor sich ging, sondern mit Lobpreis und Anbetung. Das ergibt doch gleich ein ganz anderes Klima! Sie dankten dem Herrn für seine Güte und Gnade.
Das Ganze muss ein sehr bewegender Vorgang gewesen sein, wie der obige Bericht zeigt. Hier kamen sehr viele Emotionen hoch. Die einen freuten sich überschwänglich, weil die Arbeit so gut von der Hand ging und der Grund zum Hause des Herrn wieder neu gelegt wurde. Die anderen freuten sich auch, erinnerten sich aber noch mit Tränen an den alten Tempel, der einst in Jerusalem gestanden hatte. Sie waren sehr bewegt, dass sie in ihren alten Tagen noch das neue Gotteshaus sehen durften. Insgesamt aber ergaben der Jubel und das Weinen ein solches Dröhnen, dass es weithin hörbar gewesen sein muss.
Kaum allerdings ist der Grund zum Hause Gottes gelegt, so stellen sich die ersten Schwierigkeiten ein – auch wenn sie zunächst gar nicht nach Schwierigkeiten aussehen:

Esra 4,1–3: „**1** Als aber die Widersacher Judas und Benjamins hörten, dass die, die aus der Gefangenschaft zurückgekommen waren, dem HERRN, dem Gott Israels, den Tempel bauten, **2** kamen sie zu Serubbabel, Jeschua und den Sippenhäuptern und sprachen zu ihnen: Wir wollen mit euch bauen; denn auch wir suchen euren Gott und haben ihm geopfert seit der Zeit Asarhaddons, des Königs von Assur, der uns hierhergebracht hat. **3** Aber Serubbabel und Jeschua und die andern Häupter der Sippen in Israel antworteten ihnen: Es ziemt sich nicht, dass ihr und wir miteinander das Haus unseres Gottes bauen, sondern wir allein wollen bauen dem HERRN, dem Gott Israels, wie uns Kyrus, der König von Persien, geboten hat."

Das hier angewandte Verfahren zur Behinderung des Tempelbaus könnte man mit „Zuckerbrot und Peitsche" bezeichnen. In unserem Abschnitt wird zunächst das „Zuckerbrot" gereicht: Wundersam ist die Bereitschaft zur Mitarbeit, die die Widersacher Judas und Benjamins – Angehörige der Fremdvölker im Land – zunächst zeigen. Den Israeliten war gar nicht bewusst, wieviele Anbeter des wahren Gottes außer ihnen noch im Land waren! Zwar haben jene nach **2. Kön. 17** auch noch allen möglichen anderen Göttern geopfert, aber der Herr hatte in ihrem „Götterpantheon" auch noch einen „Ehrenplatz"!

Hätte Serubbabel sie gewähren lassen – was wäre wohl daraus gekommen? Vielleicht hätten sie versucht, den Bau auf alle mögliche Weise zu verzögern oder zu sabotieren. Vielleicht wäre es aber auch ganz anders gekommen. Es wäre auch denkbar, dass die zurückgekehrten Israeliten an den anderen Göttern dieser Leute Gefallen gefunden hätten. Und dass sie selbst oder ihre neuen Mitarbeiter auf die Idee gekommen wären, doch diesem oder jenem Gott im neuen Tempel eine Nische einzurichten. Oder den neuen Tempel zur Anbetung Jahwes zu nutzen, und im Zuge einer neuen, religiösen Einheit im Land auch einmal einen Besuch im Götzentempel der anderen zu machen. Vielleicht konnte man ja von der Spiritualität der anderen lernen. Oder nützliche Elemente fremder Religionen in die eigene integrieren. Den diesbezüglichen Entwicklungsmöglichkeiten waren keine Grenzen gesetzt. Und ein friedliches Neben- oder gar Miteinander der Kulte wäre dem Kyrus von Persien sicherlich recht gewesen!

Die Gefahren, denen die christliche Kirche heute gegenübersteht, sind alt. Die Versuche, die heute unternommen werden, um den Glauben an den einen und einzigen Gott – den Jahwe Israels und Vater Jesu Christi – und den Glau-

ben an die Götter der Völker miteinander zu verschmelzen, sind schon früher unternommen worden.
Zum Glück erkannte Serubbabel die Gefahr. Er erkannte, dass es eine unpassende Verbindung war, die da vorgeschlagen wurde. Er begriff wohl auch, welche Gefahren mit dieser Allianz verbunden gewesen wären. Darum erteilt er den so freundlich aussehenden Kooperationsversuchen eine klare Absage.
Gottes Werk kann nur von Menschen Gottes getan werden. Es ist nicht in Ordnung, wenn die Welt im Werk Gottes mitmischen will. Eine solche Vermischung sollten die Kinder Gottes nicht zulassen. Für geistliche Arbeit braucht es geistliche Menschen – Menschen, in denen durch Bekehrung und Wiedergeburt der Geist Gottes Wohnung genommen hat!
Deshalb ist auch ein Gedanke nicht richtig, der manchmal geäußert wird: holen wir unbekehrte Leute in Gottes Werk, haben wir eine Chance, sie zu missionieren. Wir können ihnen dann ja das Evangelium vorleben und verkündigen. Sie könnten durch ihre Mitarbeit bei uns zur Bekehrung kommen!
Die Wahrheit ist: manchmal ist durch Gottes Gnade trotz dieses Fehlers jemand zum Glauben gekommen. Aber grundsätzlich richtig ist die Mitarbeit von Nichtchristen an Gottes Sache deshalb trotzdem nicht. Und wie häufig haben solche Leute dem Evangelium auch hartnäckig widerstanden und sind im Lauf der Jahre nur immer verstockter geworden! Und schlimmer noch: es kann auch sein, dass solche Leute beginnen, nun *ihrerseits* einen Einfluss auszuüben – und zwar in entgegengesetzter Richtung. Sie verführen Gottes Volk. Sie bringen es hinein in Gottlosigkeit und Sünde. Denn, wie einmal jemand sehr treffend sagte: Leider steckt immer die Krankheit die Gesundheit an, nie umgekehrt!

Serubbabel war ein Mann mit geistlichem Klarblick. Auch Jeschua und die Sippenhäupter Israels sahen hier klar. Darum vermieden sie alle diese frommen Irrwege. Und sagten klar und deutlich nein zu falschen Allianzen. Hierin sind uns Serubbabel und seine Mitstreiter ein großes Vorbild! Sofort aber nach jenem Nein zeigt die Welt ihr wahres Gesicht:

Esra 4,4–6: „4 Da machte das Volk des Landes die Juden mutlos und schreckte sie vom Bauen ab. 5 Und sie dingten Ratgeber gegen sie und hinderten ihr Vorhaben, solange Kyrus, der König von Persien, lebte, bis zur Herrschaft des Darius, des Königs von Persien. 6 Und als Ahasveros König war, im Anfang seiner Herrschaft, schrieb man eine Anklage gegen die Bewohner von Juda und Jerusalem."

Wenn es nicht im Guten geht, dann eben im Bösen. „Und bist du nicht willig, so brauch' ich Gewalt." Dieser altbekannte Satz kam auch hier zur Anwendung. Wenn die Welt ihren Willen nicht bekommt, reagiert sie sauer. Dann wird die Peitsche hervorgeholt. Dann werden dem Volk Gottes alle möglichen Knüppel in den Weg geworfen, damit es nur ja am Tempel Gottes nicht weiterbauen kann. So war es auch hier. Es wird nicht näher berichtet, auf welche Weise die Juden mutlos gemacht wurden. Aber es könnte durch massive Gewaltandrohungen gewesen sein. Oder durch Sabotageakte am neuen Tempel. Und durch Schwierigkeiten in Bezug auf bautechnische Maßnahmen – Einsprüche und bürokratische Hindernisse. Und zuletzt machten sie die Juden bei einem anderen Herrscher Persiens schlecht und bezichtigten sie subversiver Umtriebe.

Da kam der Tempelbau ins Stocken. Auch Serubbabel, Jeschua und die Sippenhäupter konnten daran offenbar nichts

ändern. Unter dem anhaltend schweren Druck von außen kam die Arbeit zum Erliegen. So sollte es bleiben bis zum Jahr 520 v. Chr. Etwa 16 Jahre lang ging gar nichts mehr. Der angefangene Tempel stand als unvollendete Bauruine in der Landschaft.
Damit kommen wir zur nächsten Phase in Serubbabels Leben:

2. Die Phase der Lauheit und Trägheit

Serubbabel blieb offenbar Statthalter in Juda, so, wie auch andere Leute im Amt blieben. Er versah seinen Dienst weiterhin. Aber der Tempel wurde nicht mehr weitergebaut. Als etliche Jahre vergangen sind, scheint sich etwas verändert zu haben. Der äußere Druck hat aufgehört. Dafür ist mittlerweile etwas anderes geschehen. Es ist viel schlimmer als der Widerstand der Feinde.
Die Israeliten sind innerlich mürbe geworden. Etwas in ihnen ist zusammengebrochen. „Geistliche Knochenerweichung" hat sich eingestellt. Wenn man sich schon nicht mehr um Gottes Sache kümmern darf und kann – was ist da das Beste? Man kümmert sich um seine eigenen Sachen. Es ist weniger enttäuschend und frustrierend. Das Erlebnis konstanten Druckes hört auf. Wenigstens widerspricht hier niemand. Und was noch besser ist: im persönlichen Bereich sieht man wenigstens einen Fortschritt. Das eigene Haus bauen und sich mit den Tagesgegebenheiten arrangieren – das ist erfüllender und befriedigender als der ewige Knatsch im Geistlichen!
So schlossen die Israeliten ihren Frieden mit den Völkern des Landes. Zwar blieb trotz allem ein Loch in ihren Herzen. Es gab da eine unbefriedigte Lücke. Auch hatten sie in der Tiefe

wohl ein schlechtes Gewissen. Aber das ließ sich mit äußerer Geschäftigkeit bestens überdecken. Es gab zu bauen und zu bebauen und anzubauen, es gab zu säen und zu ernten, auch wenn die Ernten von Jahr zu Jahr schlechter wurden. Aber wenigstens hatte man *so* etwas zu reden, wenn man zusammenkam, und konnte sich zurückerinnern an die guten, alten Zeiten, schimpfen über die gegenwärtigen, schlechten, und spekulieren auf bessere. Das Gerede tat einem selber wohl, sie schwammen mit Wonne in dieser Soße.
Und wie es aussieht, scheint auch Serubbabel in jener Zeit abgesackt zu sein. Warum auch immerfort eine Sache vorantreiben wollen, wenn doch niemand mehr Lust hatte, mitzumachen? Warum immerfort sich anstrengen und kämpfen, wenn von außen her doch alle dagegen waren? Die Müdigkeit in Serubbabels Herzen nahm zu. Die geistliche Kälte auch. Und wie ihm erging es auch dem Hohepriester Jeschua und den anderen Oberen des Volks.
Wir können ihn so gut verstehen. Kennen nicht auch wir Zeiten der geistlichen Müdigkeit, in denen wir die Lust verspüren, alles hinzuschmeißen? Wenn der Druck von außen anhaltend schwer bleibt, wenn die Enttäuschungen von innen sich beständig wiederholen – da taucht jene gefährliche Bleischwere auf, die den geistlichen Tod ankündigt. Da stellt sich auch jene fatale Neigung des Herzens ein, sich in weltliche Geschäfte und irdische Beschäftigungen und Vergnügungen zu stürzen. Wie es in einem alten Liedvers heißt: „Und dennoch gab es Zeiten, o Herr, es tut uns leid, wo andres lauter wurde, du fandst uns nicht bereit".
Gäbe es Gottes Gnade nicht, sähe es düster aus. Aber wie schrieb einst der Indianer-Missionar *David Brainerd*? „Von Zeit zu Zeit, wenn ich dem Tode nahe bin, erweckt er mich zu neuem Leben." Es gibt Zeiten, in denen Gott über die Trägheit seines Volkes hinwegsteigt und mit der Frischluft

neuen geistlichen Lebens den Verwesungsgeruch des geistlichen Todes vertreibt. Und darum heißt der letzte Punkt unserer Betrachtung:

3. Die Phase erneuerten Dienstes und Segens

Hag. 1,1–9: „**1** Im zweiten Jahr des Königs Darius, im sechsten Monat, am ersten Tage des Monats, geschah des HERRN Wort durch den Propheten Haggai zu Serubbabel, dem Sohn Schealtiëls, dem Statthalter von Juda, und zu Jeschua, dem Sohn Jozadaks, dem Hohenpriester: **2** So spricht der HERR Zebaoth: Dies Volk spricht: Die Zeit ist noch nicht da, dass man des HERRN Haus baue. **3** Und des HERRN Wort geschah durch den Propheten Haggai: **4** Aber eure Zeit ist da, dass ihr in getäfelten Häusern wohnt, und dies Haus muss wüst stehen! **5** Nun, so spricht der HERR Zebaoth: Achtet doch darauf, wie es euch geht: **6** Ihr säet viel und bringt wenig ein; ihr esst und werdet doch nicht satt; ihr trinkt und bleibt doch durstig; ihr kleidet euch und könnt euch doch nicht erwärmen; und wer Geld verdient, der legt's in einen löchrigen Beutel. **7** So spricht der HERR Zebaoth: Achtet doch darauf, wie es euch geht! **8** Geht hin auf das Gebirge und holt Holz und baut das Haus! Das soll mir angenehm sein, und ich will meine Herrlichkeit erweisen, spricht der HERR. **9** Denn ihr erwartet wohl viel, aber siehe, es wird wenig; und wenn ihr's schon heimbringt, so blase ich's weg. Warum das? spricht der HERR Zebaoth. Weil mein Haus so wüst dasteht und ein jeder nur eilt, für sein Haus zu sorgen."

Es ist eine große Gnade, wenn Gott durch Propheten wieder zu seinem Volk redet. Schlimm ist es, wenn er gar nichts mehr sagt. Lange Zeit war dies der Fall gewesen. Aber nun greift Gott ein und erweckt die Herzen seines Volkes. Durch Haggai und Sacharja rüttelt er sie auf – und nicht nur sie:

Hag. 1,12.14: „**12** Da gehorchten Serubbabel, der Sohn Schealtiëls, und Jeschua, der Sohn Jozadaks, der Hohepriester, und alle übrigen vom Volk der Stimme des HERRN, ihres Gottes, und den Worten des Propheten Haggai, wie ihn der HERR, ihr Gott, gesandt hatte; und das Volk fürchtete sich vor dem HERRN. – **14** Und der HERR erweckte den Geist Serubbabels, des Sohnes Schealtiëls, des Statthalters von Juda, und den Geist Jeschuas, des Sohnes Jozadaks, des Hohenpriesters, und den Geist aller übrigen vom Volk, dass sie kamen und arbeiteten am Hause des HERRN Zebaoth, ihres Gottes,"

Aus dem laugewordenen Statthalter von Juda wird von neuem ein geistlich eifriger Mensch. Ähnlich ergeht es dem Hohepriester Jeschua und den übrigen vom Volk. Plötzlich erkennen sie ihre Sünde. Sie haben wohl auch darüber Buße getan. Und die Folge davon ist, dass sie sich auf einmal erinnern: Da ist ja eine wichtige Arbeit liegengeblieben, die wir einst begonnen haben! Was für eine Schande, dass wir Gottes Sache schmählich vernachlässigt haben! Unsere Häuser sind wohlbestellt, aber Gottes Tempel ist eine halbfertige Ruine! Und darum geht es uns schlecht!
Das war, als ob frischer Wind in die erschlafften Segel ihres geistlichen Schiffes geblasen würde. Sie blähten sich plötzlich, und das festgefahrene Schiff kam wieder vom Fleck! Und Serubbabel empfängt in der Folge eine ganze Reihe ermutigender Worte Gottes:

Hag. 2,2–4: „**2** Sage zu Serubbabel, dem Sohn Schealtiëls, dem Statthalter von Juda, und zu Jeschua, dem Sohn Jozadaks, dem Hohenpriester, und zu den übrigen vom Volk und sprich: **3** Wer ist unter euch noch übrig, der dies Haus in seiner früheren Herrlichkeit gesehen hat? Und wie seht ihr's nun? Sieht es nicht wie nichts aus? **4** Aber nun, Serubbabel, sei getrost, spricht der HERR, sei getrost, Jeschua, du Sohn Jozadaks, du Hoherpriester! Sei getrost, alles Volk im Lande, spricht der HERR, und arbeitet! Denn ich bin mit euch, spricht der HERR Zebaoth, ..."

Hag. 2,21–23: „**21** Sage Serubbabel, dem Statthalter von Juda: Ich will Himmel und Erde erschüttern **22** und will die Throne der Königreiche umstürzen und die mächtigen Königreiche der Heiden vertilgen und will umwerfen die Wagen und die darauf fahren; Ross und Reiter sollen fallen, ein jeder durch des andern Schwert. **23** Zur selben Zeit, spricht der HERR Zebaoth, will ich dich, Serubbabel, du Sohn Schealtiëls, meinen Knecht, nehmen, spricht der HERR, und dich wie einen Siegelring halten; denn ich habe dich erwählt, spricht der HERR Zebaoth."

Der Verkehr Serubbabels mit der oberen Welt nimmt wieder deutlich zu. Sein geistliches Leben belebt sich. Er empfängt die tröstliche Zusage, dass Gott mit dem Volk sein wird, wenn es für ihn arbeitet. Und auch in Bezug auf sich selbst empfängt er bemerkenswerte Prophezeiungen. Wie immer man auch **V. 23** verstehen will und zeitlich einordnet, soviel steht fest: als Siegelring Gottes wird Serubbabel bezeichnet, und der Erwählung Gottes darf er gewiss sein. Doch auch Sacharja spricht zu ihm:

Sach. 4,6–10: „**6** Und er antwortete und sprach zu mir: Das ist das Wort des HERRN an Serubbabel: Es soll nicht durch Heer oder Kraft, sondern durch meinen Geist geschehen, spricht der HERR Zebaoth. **7** Wer bist du, du großer Berg, der du doch vor Serubbabel zur Ebene werden musst? Er wird hervorholen den Schlussstein, so dass man rufen wird: Glück zu! Glück zu! **8** Und es geschah zu mir das Wort des HERRN: **9** Die Hände Serubbabels haben dies Haus gegründet, seine Hände sollen's auch vollenden, damit ihr erkennt, dass mich der HERR Zebaoth zu euch gesandt hat. **10** Denn wer immer den Tag des geringsten Anfangs verachtet hat, wird doch mit Freuden sehen den Schlussstein in Serubbabels Hand. ...".

Und so kam es. Serubbabel vollendete den zweiten Tempelbau. Im Jahre 516 v.Chr. wurde der neue Tempel geweiht. Danach hören wir nicht mehr von dem rührigen Statthalter Judas; erst im Neuen Testament erscheint sein Name wieder im Ahnenregister Jesu Christi **(Matth. 1,12+13; Luk. 3,27)**. Aber er bleibt auf alle Fälle ein kostbares Beispiel für einen Diener Gottes, der erst einen guten Anfang machte, dann zurückfiel, aber durch Gottes Gnade noch einmal zu neuem Eifer und Dienst erweckt wurde.

Für dich und mich bleibt am Ende nur die Frage: Wo stehen wir? Wo stehst du? Halte Rückschau. Ziehe Bilanz. In welche der drei Phasen würdest du dein momentanes geistliches Leben einordnen?

- Wenn in die erste, in die Zeit der „ersten Liebe" – herzlichen Glückwunsch! Bleibe dabei und tue alles, was du kannst, um das Feuer am Brennen zu halten!
- Wenn in die zweite, dann stelle nüchtern fest, wo du stehst; beschönige nichts. Und geh' nach dem Lesen die-

ser Betrachtung auf deine Knie, tue Buße und bitte den Herrn, dich neu zu erwecken. Du hast es nötig.
- Wenn in die dritte, dann danke dem Herrn, dass er dich aus Gnade noch einmal zum Leben erweckt hat, und bitte ihn, dich nie mehr in die traurige zweite Phase zurücksinken zu lassen.

So können wir auch vom Leben Serubbabels noch heute profitieren.